玩转

短视频
流量变现

头号玩家————编著

民主与建设出版社

·北京·

图书在版编目（CIP）数据

玩转短视频流量变现 / 头号玩家编著. -- 北京：
民主与建设出版社，2025. 4. -- ISBN 978-7-5139-4953-
8

Ⅰ. F713.365.2

中国国家版本馆 CIP 数据核字第 2025XF4102 号

玩转短视频流量变现

WANZHUAN DUANSHIPIN LIULIANG BIANXIAN

编　　著	头号玩家	
责任编辑	廖晓莹	
装帧设计	尧丽设计	
出版发行	民主与建设出版社有限责任公司	
电　　话	（010）59417749　59419778	
社　　址	北京市朝阳区宏泰东街远洋万和南区伍号公馆 4 层	
邮　　编	100102	
印　　刷	大厂回族自治县彩虹印刷有限公司	
版　　次	2025 年 4 月第 1 版	
印　　次	2025 年 7 月第 1 次印刷	
开　　本	670 毫米 × 950 毫米　　1/16	
印　　张	12	
字　　数	138 千字	
书　　号	ISBN 978-7-5139-4953-8	
定　　价	49.80 元	

注：如有印、装质量问题，请与出版社联系。

前言

随着移动互联网的普及，短视频已经成为人们生活中不可或缺的组成部分。有人用短视频打发时间，有人通过短视频了解新闻信息，有人借助短视频学习知识，还有的人通过短视频实现了商业变现。那么，该如何评价短视频做得好不好呢？答案就是：流量。

短视频时代，流量是决定商业兴衰的关键。在互联网上，流量往往以播放量、点赞数、评论数、转发数等数字化的形式体现。

流量的本质是人，每一个流量数据背后对应的，都是一个个真实的用户。互联网上的流量是由具有不同年龄、性别、地域、兴趣爱好等特征的用户组成的。因此，短视频博主需要精准地了解用户的需求、喜好、消费习惯等，才能更好地获取流量并进行转化。

要想获得流量，短视频博主必须让观众记住自己，因此短视频博主需要打造个性鲜明的 IP "人设"。比如，你要先想想自己的特点和优势是什么，是幽默风趣、专业知识丰富，还是颜值出众，然后，把这些特点融入个人的短视频内容中，让观众在看到你的视频时，能立刻记住你。

优质的内容是获取流量的关键，包括精准的选题，视频画面清晰、稳定，剪辑流畅，声音清晰，文案生动、有趣、逻辑清晰等。比如，一个旅行类短视频博主，拍摄的风景画面美不胜收，剪辑节奏把握得当，再配上优美的文案和合适的背景音乐，能让观众身临其境。

此外，账号的运营也直接影响流量。短视频博主定期查看平台提供的各项数据，如播放量、点赞数、评论数、转发数、完播率、粉丝增长数、粉丝活跃度等，评估账号运营的效果，了解账号内容的受欢迎程度及用户的偏好。比如，完播率高，说明内容开头吸引人、节奏把控好；评论数多，反映了内容有引发讨论的点，能调动用户参与互动。根据数据分析的结果，短视频博主要找出账号运营中的问题和优势所在，进而针对性地进行调整和优化，让流量始终朝着良性的方向发展。

本书基于短视频行业的现状，列出了短视频创作者必须考虑的问题，如找准目标受众、创意策划、内容为王等，紧密结合市场需要，非常实用且具有指导性。本书还配备了丰富的插图，使内容更加直观、易懂。认真阅读这本书后，短视频从业者一定能够从中提升自己的专业素养和竞争力，从而打造属于自己的短视频流量帝国，进而实现流量变现创富！

此外，本书涉及的所有案例和图片等，仅用于图书内容的教学示例及实操演示，不存在为所提及的账号或品牌做宣传、推广的行为。

目录

第6章 账号运营，实现流量持续增长

第7章 数据分析，持续优化运营策略

第 1 章

爆款短视频的底层逻辑

　　一条短视频之所以能在网上爆火，其背后都有内在的商业底层逻辑。从内容层面来看，如果视频契合了当下大众普遍关注的热点话题，如热门的社会现象、流行的文化趋势等，就容易激发人们的兴趣和好奇心，促使他们在观看的同时点赞、评论、转发。同时，短视频还要与观众产生情感共鸣，即触动观众内心深处的情感。

为什么短视频容易使人上瘾

在短视频盛行的时代，使用手机看短视频已成为许多人日常生活的一部分。从搞笑段子到生活小技巧，从美食制作到时尚穿搭，短视频以其独特的魅力吸引了无数用户的注意力，甚至使许多人沉迷其中。那么，究竟是什么原因让短视频如此令人上瘾呢？

1 即时满足的心理快感

短视频的时间很短，短则十几秒，长则几分钟，信息高度浓缩，人们短时间就能看到新鲜、有趣的内容，然后从中获得愉快感。在心理学领域，这种情形被称为即时满足。

同时，如今社会节奏较快，人们为了生活不停地忙碌，更需要在短时间内获得更多的信息或乐趣。短视频正好满足了人们的这一需求，这种"快餐式"的娱乐方式令人欲罢不能。

短视频内容中的电影解说领域就是其中一个典型现象。过去，人们需要花费 1 ~ 2 小时看完一部电影，才能知道导演和编剧想表达什么。现在，短视频创作者用几分钟的时间，就把一部电影的主线与剧情介绍清楚了。因此，很多人已经没有耐心去看电影了，反而更喜欢看关于影片的短视频解说。

② 无限滑动的新奇感

短视频平台通常采用无限滚动的设计，用户浏览完当前视频后，只需上滑手机屏幕，系统就会自动推送下一个短视频。用户永远不知道下一个视频会带来什么惊喜，就好像开盲盒一样，令人兴奋和刺激。

为了提升趣味性，短视频平台还会利用算法对用户的行为和兴趣进行分析，从而为用户推荐个性化的视频。这种个性化推荐不仅提高了用户观看短视频的满意度，还使用户感觉到平台对他们的重视。随着用户观看短视频数量的增多，平台的推荐会越来越精准，从而使用户越来越依赖短视频平台。

③ 社交互动感与归属感

短视频平台不仅为用户提供了观看功能，还非常重视用户的互动数据，如点赞数、评论数和分享次数等。这些社交互动行为不仅增强了用户黏性，还使用户产生了归属感和认同感。用户看到自己发布的短视频获得点赞和评论时，会产生强烈的成就感和满足感。同时，通过与其他用户的互动，用户可以建立社交关系，形成自己的社交圈子，这种社交归属感也是短视频使人上瘾的重要原因之一。

总的来说，看短视频之所以会使人上瘾，主要是因为其内容具有娱乐性、社交性、视觉冲击力等特点，能够快速地满足用户的信息需求和心理需求，同时也容易使人养成依赖心理，并产生信息焦虑。

【案例回放】一只羊的回家之路

有位网友拍摄了一则短视频。画面中的主角是一只小羊，它有着棕色的脑袋，身体其余部位都是白色的，它以独特的回家方式走红，成了无数网友心中的"羊界刘翔"。在短视频画面中，夕阳西下，落日的余晖洒满了宁静的乡村小道，一切都显得那么和谐而美好。故事的主角——一只毛色油亮、眼神灵动的小羊，先是缓缓地后退几步（见图1-1），紧接着快速向前冲刺，随后一阵轻盈的跳跃，小羊借助围墙和草垛，轻松地翻越了高高的围墙，整个过程流畅而优雅，宛如经过无数次训练的体操运动员。

图 1-1 网友拍摄的小羊视频

这则短视频的时长很短，小羊从后退到翻越围墙，只用了几秒钟。然而，这是不常见的场景，很有趣味性。观众只用了几秒钟的时间，就看到了一段有趣的视频，他们看到了一只小羊的回家片段，充满勇敢、机智，还带有一点儿俏皮，给用户留下了深刻的印象。

懂情绪价值，才能有流量

所谓情绪价值，是指视频内容能够激发用户的情感共鸣，让用户在观看过程中产生强烈的情感体验。这种体验可以是欢笑、感动、愤怒，也可以是思考、反思和共鸣。一个懂得如何传递情绪价值的短视频，往往能够更轻松地抓住用户的心，让用户在情感上产生依赖和认同，从而成为爆款。

那么，短视频创作者该如何做才能在短视频中有效地传递情绪价值呢?

① 找准用户的情绪需求

不同的用户群体，其情绪需求是不同的。比如，年轻用户可能更喜欢轻松幽默、充满能量的内容，而中老年用户则可能更倾向于感人至深、启迪人生的内容。因此，在制作视频之前，短视频创作者要深入了解目标用户的情绪需求，确保短视频内容能够精准地击中他们的情感痛点。

② 注重短视频的叙事方式和表现手法

一个好的故事，往往能够让人沉浸其中，产生强烈的情感体验。因此，在制作短视频时，短视频创作者要注重叙事结构的完整性、情节设置的合理性及角色塑造的鲜明性；同时，还要善于运用镜头语言、音效、配乐等手法来营造氛围，增强短视频的感染力。

③ 提升用户的互动性和参与感

在社交媒体时代，用户不仅仅是内容的接受者，还是内容的传播者和参与者。因此，在制作短视频时，创作者要注重与用户的互动，鼓励用户留言、点赞、分享，甚至参与到视频的创作中。这样不仅能够增强用户的参与感，还能够进一步扩大短视频的传播范围。

值得注意的是，爆款短视频往往都是紧跟时代潮流的，而非一成不变的。比如，人们今天可能被热搜上的萌宠吸引，明天又可能被热搜上的美景吸引。因此，在制作短视频时，创作者要时刻关注市场动态和用户反馈，及时调整内容方向和创作策略，确保短视频能够始终与用户的需求保持同步。

【案例回放】李子柒归来

在长达三年多的停止更新之后，知名短视频创作者李子柒于 2024 年 11 月回归。她创作的一条短视频，以漆器为主题，展现了漆器制作的过程。这条短视频一经发布，很快就登上了热搜，并且收获了大量的点赞（见图 1-2）。用户纷纷感叹："终于回归了！"

图 1-2 李子柒的视频

李子柒从 2015 年开始创作短视频，起初她的内容围绕美食与田园生活展开，通过短视频拍摄美好的田园生活，充满了诗意，仿佛置身于东晋诗人陶渊明的《桃花源记》中。凭借独特的治愈风格和文化深度，李子柒的短视频迅速积累了数千万粉丝，并且很快火到了国外。有人甚至说，李子柒是中国文化对外输出的一大成功案例。

李子柒的成功并不是偶然的，她的短视频画面精美，视角独特，并且流露出对中华优秀传统文化的热爱和传承，将生活中的各种情感体验融入视频中。从她身上，用户看到的是她热爱生活、不骄不躁的人生理念，从而获得了极高的情绪价值。在喧嚣的网络时代，这样的短视频创作理念更显得难能可贵。

宁可接地气，也不要"自嗨"

创作短视频是给广大用户看的，因此内容一定要接地气。创作者如果过于关注自己的兴趣、想法和表达，而忽视了用户的真实需求和喜好，就是在"自嗨"。

那么，短视频创作者该如何跳出"自嗨"的陷阱，使创作的内容更具吸引力呢？

1 内容接地气是成功的关键

一则短视频要想成功吸引用户，它首先得让用户看得懂，听得明白。这就要求创作者在策划和制作过程中，充分考虑目标用户的背景、兴趣、习惯等因素，用他们熟悉的语言、场景和表达方式去呈现内容。比如，针对年轻用户，短视频里可以加入一些流行的网络用语、热门的音乐元素和时尚的视觉效果；针对老年用户，短视频里应该注重内容的实用性、语言的简洁性和画面的清晰度。

内容接地气，则要求短视频创作者从用户思维出发，保持对现实生活的敏锐观察。"用户思维"强调的是以用户为中心，从用户的角度去思考问题、创作内容。它要求创作者在制作短视频前，先进行深入的市场调研和目标用户分析，了解用户的兴趣爱好、观看习惯和需求痛点。只有这样，短视频创作者创作出的内容才能够真正触动用户的心弦，引起他们的共鸣和关注。

② 挖掘身边的故事

短视频作为一种传播媒介，其最大的价值在于能够迅速地反映社会热点、传递正能量和引导公众舆论。因此，短视频创作者应该时刻关注身边的人和事，从中挖掘有价值的素材和故事。无论是家庭生活、工作经历，还是旅行冒险，都可以成为短视频创作者的创作源泉。这样的故事是鲜活的，是有生命力的，最容易获得用户的情感共鸣。

在语言表达上，短视频创作者也应该尽量使用真实、贴近生活的语言，尽量避免使用过于专业、复杂的词汇，因为它们往往会让人产生距离感。相反，短视频创作者应该用简单明了的语言传达信息和情感。

【案例回放】如何讲好航天故事？

在漆黑的夜色中，一团耀眼的火光如同流星冲天而起，那是航天火箭发动机燃料燃烧的火焰。然而，如果仅仅介绍航天火箭的画面，恐怕还很难获得大多数人的共鸣，短视频创作者必须回答一个问题：航天对普通人有什么意义？

　　航天事业离普通人的生活太遥远，因此很多人不能理解："为什么国家要花钱发展航天事业？""去月球干什么？"短视频创作者如果从火箭的发射原理、卫星的轨道计算，到深空探测器的设计与制造等方面进行介绍，势必会涉及许多专业术语和技术细节，对于非专业人士来说，无疑是一道难以逾越的鸿沟。

　　更聪明的回答是"我们错过了大航海时代，不会再错过星际时代"（见图 1-3）。

图 1-3　中国航天火箭的发射画面

　　史书告诉我们，中国错过了大航海时代，由此逐步落后于时代。航天事业代表的则是星际时代，如果错失了这个机会，我们在未来也会变得落后。短视频中这句诗意的表达，使用户更容易理解航天事业的意义。

要想火，必须短而精

短视频之所以能风靡全球，关键在于其短而精的特点。

1 这是一个短而精的时代

以前，人们习惯说"看视频"，现在习惯叫"刷视频"。其中，只是一个字的不同，却形象地描绘了时代的变化。

在如今的移动互联网时代，只要有手机、有网络，人们可以随时随地接收信息。快节奏的生活方式，使人们的时间被切割成无数碎片，短视频便应运而生。

简短的内容，通常更容易被用户理解，长篇大论往往容易令人失去耐心和注意力。一条短视频，短则 15 秒，长则几分钟，很快就可以看完，特别适合用户用来打发时间。

短视频的兴起，使每个人都能从中找到乐趣。城市里的用户，会在上下班的路上打开抖音、快手等视频 App，浏览短视频打发通勤时间；乡村的用户，会在闲暇时打开手机上的视频 App，观看各种奇闻逸事。打开手机就能娱乐，放下手机就能工作，这种即时满足感，正是短视频吸引大量用户的关键。

短视频的创作门槛也很低，即便是普通用户，也能用手机拍摄短视频，然后上传至各种 App 上。视频平台会将其中的优质内容，推荐给其他用户。对专业的内容生产者来说，他们必须学会在有限的时间内，将内容清晰地表达出来，使用户一眼就能看懂。只有短而精的优质内容，才有机会成为爆款视频。

②　决定用户去留的黄金三秒

大多数用户刷到一条短视频时，大脑会先对短视频内容进行一遍大致的扫描，同时思考"这条视频的主题是什么？""我对这个主题感兴趣吗？"用户如果感兴趣，就会停留在某个页面，继续看下去。用户如果对视频毫无兴趣，就会马上滑走，接着看下一条短视频。

这个思考与判断的过程，通常发生在三秒以内。因此人们习惯将其称为短视频的黄金三秒。短视频创作者如果能在三秒内给用户留下深刻的印象，并激发他们继续观看下去，那么你的视频就有机会成为爆款。相反，你的短视频如果在三秒内无法给用户留下任何印象，或者过于平淡，无法吸引用户继续观看，那么你的短视频大概率会被淹没。

【案例回放】抱怨也能获得共鸣声

　　UP主"大师兄的表哥"（以下简称"大表哥"），用一口接地气的徐州方言，犀利点评国外景点，成功打破了人们对国外旅游业的美好想象。比如，在人们的印象中，法国巴黎是一座浪漫、发达、美好的城市。然而，当"大表哥"来到巴黎的一座汽车站时，破旧的墙体、脏乱的地面，让他忍不住抱怨："汽车站烂的（很），我多少年没见过这样的汽车站了。"他想要找个椅子坐，却发现不仅椅子数量少，还有人躺在椅子上睡觉。"大表哥"露出不可思议的表情："我这是到非洲了吗？巴黎汽车站烂成这样！"

　　"大表哥"的视频没有长篇大论，而是用一些无滤镜、无美颜的实拍镜头，让人们看到了事物真实、新鲜的一面。这就是遵从了短而精的创作原则。

在短视频内容创作中，抱怨作为一种直接、真实且具有娱乐性的表现手法，往往能够引起用户的强烈共鸣。通过幽默或讽刺的方式对日常生活中的普遍问题进行抱怨，创作者不仅可以展示自己的个性，还能激发用户的情感共鸣和互动，从而增强短视频的传播力。

短视频平台的流量分配机制

短视频创作者在短视频平台发布作品，能够收获多少用户，其实是有规律的。短视频平台根据一套算法机制，给各条短视频分配流量。各个平台的算法虽然很复杂，但是它们总的原则是一致的：使优质内容被更多用户看到。也就是说，了解平台的流量分配机制，短视频创作者将更容易拍出爆款作品。

1 基于用户兴趣的个性推荐

对短视频领域有所了解的人应该都知道，互联网平台非常喜欢数据，他们通过一个个数据记录用户的兴趣，然后给用户贴上标签，这就是用户画像。比如，一个频繁观看旅行 Vlog 的用户，很可能被标记为"旅游爱好者"；而热衷于美食制作教程的用户，则可能被归类为"美食达人"。

有了用户画像，短视频平台就可以精准地把视频推送给感兴趣的用户。比如，你最近刚搜了一下黄山旅游的视频，紧接着平台就会认为，你可能对黄山旅游很感兴趣。于是，在接下来的时间里，平台将向你推送更多相关视频。

2 流量池机制

平台会把流量分成一个个级别，即"流量池"。当创作者发布一条短视频后，视频就会自动进入初始流量池，有 200 ~ 500 的流量。也就是说，平台会把视频推送给 200 ~ 500 个用户，根据用户的点赞、评论、转发等数据，决定是否将其分配到下一级流量池。

以抖音平台为例，抖音按照初始流量池、千人流量池、万人流量池等级别，把流量池逐级分层。短视频作品若在初始流量池的表现好，则会自动进入千人流量池，然后平台根据千人流量池的数据表现，再决定是否使其进入万人流量池（见表 1-1）。

表 1-1　抖音流量池（数据仅供参考）

等级	名称	流量
1	初始流量池	200 ~ 500
2	千人流量池	1000 ~ 5000
3	万人流量池	1 万 ~ 2 万
4	初级流量池	10 万 ~ 15 万
5	中级流量池	30 万 ~ 70 万
6	高级流量池	100 万 ~ 300 万
7	热门流量池	500 万 ~ 1200 万
8	全网推荐	3000 万 +

【案例回放】头部直播间的用户分布

董宇辉原本是新东方的一名老师，后来转型进行直播带货。他的直播内容不仅涵盖了商品介绍，还融入了诗词歌赋、人生哲学等内容，使用户在购物的同时不仅能学到知识，还能放松心情。这种独特的直播风格，加上他颇具辨识度的面孔，使他一跃成为顶流主播。

董宇辉爆火之后，直播间内涌入了许多中老年用户，被用户亲切地称为"妈妈粉""丈母娘粉"，于是许多人误以为他直播间的用户大多是中老年人。实际上，通过第三方平台查询，我们可以发现董宇辉的直播的主要消费人群并非中老年人，最多的是都市白领，约占22%；紧随其后的是小镇青年，占了17.3%；紧接着还有精致妈妈，占14.23%；而都市银发族，仅占5.8%。

由此可见，人们深信不疑的东西，未必就是真的。作为短视频创作者，我们不要仅凭直觉去做短视频，而应当以数据说话。

选择适合你的短视频平台

目前，国内比较知名的短视频平台有很多，如抖音、快手、微信视频号、B站、小红书等。虽说它们都是短视频平台，但是它们的主营方向和经营策略都不同，所以吸引的用户也有差别。有的平台以搞笑、娱乐为主，汇聚了大量轻松、愉快的短视频；有的平台则专注于知识分享，提供了丰富的教育类内容。作为短视频创作者，我们应该先了解各平台的特色内容，从而针对性地筛选平台。

 抖音

抖音是国内最大的短视频平台，用户数量最多，2024年的日活跃用户已经突破 7 亿，是短视频领域当之无愧的领头羊。抖音如此庞大的用户群体，自然涵盖了社会各阶层的用户，舞蹈、喜剧、旅行、教育、美食、人文等主题都可以在抖音上获得成功。

抖音的用户群体虽然庞大，但整体风格更偏向于年轻人，尤其是"90后"和"00后"中有才华、有创意的人，他们更具创新精神，能够为平台带来持续的活力。

② 快手

快手也是国内头部短视频平台，日活跃用户达到 4 亿，其上发布的作品以追求真实、贴近生活内容为主。

快手的用户群体同样非常广泛，从一线城市到农村地区，涵盖了不同年龄层次、地域和职业的人群，如城市白领、乡村农民、年轻学生、上了年纪的老人等，相比之下人群更加多元化。

③ 视频号

视频号是腾讯公司旗下的短视频分享平台，依托于微信强大的社交生态，传播范围较广。视频号以图片和视频为主，用户可以将短视频轻松地分享到微信、朋友圈等社交渠道。

视频号的用户年龄分布相对较高，36 岁以上用户占比超过 60%，特别是50 岁以上的用户占比增长迅速；为特定领域的广告投放和产品销售提供了独有的机会；非常适合有微信公众号粉丝基础，或擅长利用社交关系进行传播的创作者。

4 B站

B站是哔哩哔哩（bilibili）网站的简称，最初主要做二次元领域，是动漫、游戏、鬼畜等创意内容的聚集地，如今日活跃用户已达1.02亿。随着用户规模的扩张，B站上时政、数码、知识、舞蹈等领域的创作也在增多。

B站用户以年轻人为主，尤其是"00后"用户占比较大，他们对二次元文化、游戏、科技等领域有着浓厚的兴趣。用户对B站平台的认同感和忠诚度较高，愿意花费大量时间在平台上观看视频、参与互动。创作者需要具备一定的专业技能和创作能力，才能在B站平台上获得认可和关注。

5 小红书

小红书最初是一个海外购物的分享社区，因此兼具社交媒体和商业平台的功能，用户可以在小红书上分享时尚穿搭、美妆护肤、美食旅游等心得。

小红书的用户群体以年轻女性为主，一、二线城市的用户占比达到50%以上。小红书的用户拥有较高的消费能力，对生活品质有较高的追求，对美妆、护肤、时尚、母婴等领域的内容有着浓厚的兴趣。

此外，微博、今日头条这类综合性的媒体平台，也是短视频创作者关注的阵地。比如，微博最大的特点是公共舆论场，能够登上微博热搜榜，说明该事件在社会上受到的关注度很高。一般微博上的用户比较年轻，他们喜欢关注Vlog、游戏、美妆、数码等领域的大V视频号，热衷于娱乐、社会资讯和情感类内容，可以在该平台上同步分享此类视频。

再比如，今日头条涵盖了新闻资讯、科技、经济、娱乐等领域的内容，满足了不同用户群体对不同类型信息的需求，该平台同样值得短视频创作者关注。

【案例回放】宠物达人——球球是只猫

"球球是只猫"是小红书平台的知名用户。该用户是一位宠物达人，球球是他养的一只波斯猫的名字。球球的长相非常可爱，发福的大饼脸、又大又圆的脑袋、温驯的性格，让它看起来与众不同。

起初，球球是一只流浪猫，独自生活在青岛的大街上，后来遇到了好心的主人（视频作者）。作者不但收留了它，还借钱为它治病。经过长时间的治疗和护理，球球的病情终于得到了控制。它逐渐恢复了活力，重新变得活泼可爱。

这份独特的经历，也让众多用户对他们产生了感情。如今，"球球是只猫"成了小红书平台的头部 UP 主。

向流量大 V 学习创作经验

想拍短视频的人很多都是新手，面对一个完全陌生的行业，他们会感到茫然无措。因此，在正式拍摄短视频之前，不妨观察一段时间，密切关注一些大 V 的作品。

① 学习对标账号

该如何学习对标账号呢？我们可以从以下几个方面，学习大 V 的创作经验。

（1）学习账号定位。确定我们想从事哪个领域，在哪个行业有所成就。搜索该垂直领域中的大 V，观察他们是如何定位自己账号的，即他们给用户呈现的是什么形象。这些内容是他们经过长期实战，最终证明是成功的。学习账号定位，可以帮我们少走很多弯路。

（2）学习内容规划。我们想通过视频对用户说什么，以及我们的视频主题是什么，是需要仔细规划的。大 V 不会只拍一种内容，而是注重内容的多样性，这样才能满足不同用户的喜好。以健身类账号为例，除了常规的健身动作教学内容外，还会有健身饮食搭配介绍、健身达人的励志故事分享、不同健身场所的探店等类型的内容。也就是说，要从多个角度去挖掘题材，让内容更加丰富多彩，避免单调枯燥，用新鲜感来打动更多用户。

（3）学习剪辑风格。剪辑风格包括叙事性剪辑、创意混剪、生活记录型剪辑等。很多影视解说类大 V 常用叙事性剪辑风格，即他们会把一部电影、电视剧按照故事发展脉络，进行有条理的剪辑；音乐、舞蹈类大 V 常常会采用创意混剪风格，即他们会把精彩的画面通过转场、特效等方式混剪在一起，同时配上风格强烈的音乐，给人一种独特的观感；生活类、旅行类大 V 则使用生活记录型剪辑风格，突出画面的真实性。

② 可以学习，但不要照搬

向大 V 学习的总原则是活学活用，也就是说，我们可以学习他们的优点，但是不要完全照抄他们的内容。否则，我们容易侵犯版权，抄得越多，越容易侵权。我们要想长久地经营账号，就要记住一点，版权问题是一条红线，一旦触碰了它，将会给我们带来无穷无尽的麻烦。

并且，抄袭给用户的印象不好，在观众心里，抄袭者始终只是替代品，不值得尊重，这对于账号运营者来说是大忌。

我们可以学习大 V 的思考方式、工作方法和成功理念，而不是直接复制他们的具体内容。我们要做的是提取优点，然后进行变化，最后变成自己的东西。比如，某个知识科普类大 V，其优点是能用通俗易懂的案例来解释复杂的专业知识。此时，我们可以学习大 V 账号里案例讲解的方式，但我们在案例选择、文案创作上，应当有所变化。我们可以结合自己身边更贴合当下用户生活实际的例子，使讲解更加接地气，更符合自身风格和用户需求。

【案例回放】两位大 V 的视频比较

李子柒和樊登都是头部大 V，他们分别代表了不同的内容创作风格及文化传播侧重方向。

李子柒的视频内容主要围绕传统的田园生活展开，她身着古风服饰，居住在如诗如画的乡村环境里，呈现出一种远离尘嚣、宁静质朴的生活状态。她的视频将中国传统文化，以及民间手工艺的魅力展现了出来。

樊登以读书分享为核心内容，他会挑选不同领域的书籍，涵盖管理学、心理学、文学、历史等范畴，然后用通俗易懂的语言，将书中的精华观点、重要思想以及对人们生活和工作有启发的内容提炼出来，进行深度且有条理的讲解。

通过对二人短视频进行比较，我们发现李子柒的视频侧重于画面，平均每4～5秒就会切换一个镜头，使用户看到更多的美景，而不是长时间停留在某个画面中。相比之下，樊登的视频较少切换画面，因为他的核心是靠文案内容取胜，依靠讲解就已经很吸引人了，频繁地切换画面反倒会分散用户的注意力。

持续获得流量的五大难题

想获取流量其实并不难，只要方法正确，坚持做优质内容，任何人都有可能做出爆款短视频。然而，要想持续获得流量，就没有那么容易了。即使头部大V，也会为了持续获取流量这个问题而苦恼。总的来说，短视频创作者在追求持续流量时，会面临五大难题。

① 原创、爆款与高产的"不可能三角"

创作者做原创才容易出爆款，但是很难连续出爆款。因为原创内容需要投入巨量的时间，去分析市场热点和用户喜好，并且思考创意、改进拍摄手法，这意味着原创内容需要时间打磨，难以保证高产。

所以，原创、爆款和高产，这三个要素很难同时满足，如何在这三者之间找到平衡点，是短视频创作者面临的一大难题。

② 平台算法的变化

短视频平台的算法非常复杂，通常包括点赞率、完播率、评论率、转发率等指标。除此之外，平台还会根据自己的战略目标、流量扶持策略等因素，决定为哪些内容推送更多的流量。这种算法推荐机制使得创作者难以准确地预测自己的内容能否获得大量流量，增加了流量获取的不确定性。

③ 用户口味的变化

用户的口味总是在不断地变化，导致短视频的热门趋势也跟着变化。抖音、快手等短视频刚刚兴起时，出现了许多娱乐、搞笑的短视频博主，这些轻松的内容形式迅速吸引了大量用户。随着时间的推移，用户的口味逐渐多元化，他们开始追求更有深度、更具教育意义的内容，如知识分享、技能教学等。后来，直播带货兴起，短视频平台又出现了许多带货主播。因此，适时地调整"人设"方向和内容策略，以便符合用户的口味，是维持长期流量的关键。

④ 抄袭与被抄袭的风险

网络环境是公开的，一条短视频火了以后，就会迅速出现无数人跟风的现象。短视频创作者的内容被抄袭后，就不可避免地损失部分流量，不仅会影响其创作积极性，还可能引发法律纠纷。同时，为了避免被抄袭，创作者需要花费额外的时间和精力来保护自己的原创内容。

⑤ "人设"形象的维护

在短视频平台，拥有一个个性鲜明、独特的"人设"形象，无疑是吸引用户、吸引粉丝基础的关键。然而，随着时间的推移，创作者可能遇到的风险会变多，如创作者一句不经意的评论，也可能导致"人设"崩塌，因此短视频"人设"形象的维护显得尤为重要。

【案例回放】"老爸评测"的"人设"来源

"老爸评测"是一家专门从事评测、检测项目的公司，通过为用户提供科普知识获取流量。它的创办源于一个偶然事件。2015年一个名叫魏文峰的人，因为女儿上小学需要给书包书皮，于是他从文具店里买了几款书皮，拿回家以后却发现味道非常刺鼻，也没有标注生产厂家和合格证明，属于"三无产品"。这样的产品会不会对孩子的健康产生危害呢？抱着这样的疑问，他带着这几款产品去了质量监督检验中心。检测结果让他大吃一惊：原来这几款产品里均包含大量的有害物质，其中甚至有致癌物。

魏文峰把购买产品并且送检的过程剪辑成了视频，以纪录片的形式发布在了网上，标题是"开学了，您给孩子用的包书膜有毒吗？"视频发布以后，很快引发了社会的关注，他的公众号迅速积累了一万粉丝。借着这个机会，魏文峰开始正式进入自媒体行业，后来又开通了自己的官网。他给自己的"人设"定位就是一个做评测的爸爸。这个"人设"不仅符合他的现实生活，还使用户感觉更亲切，使他更具可信度。

第 2 章

"人设"定位，获取流量的前提

在短视频领域，要想脱颖而出，必须拥有一个独一无二的"人设"。"人设"把短视频博主从无数内容创作者中区分开来，让其拥有独一无二的辨识度，使得其分享的内容不再是没有感情的画面，而是融入了生活气息和个人情感，让粉丝产生强烈的亲近感，进而建立深厚的情感纽带。

为什么企业家都在做"网红"

在如今这个流量为王的时代，无数人努力成为"网红"，就连企业家也纷纷走向台前，卖力地向用户展示自己的形象。那么，究竟是什么原因促使大量企业家做出这样的选择呢？

① 流量意味着销量

如今，"内卷"已经成了一个流行词，其原因就是生产过剩，同质化竞争太严重。一个企业能做出的产品，别的企业同样能够做出来，甚至做得更好，这是企业家无法回避的现实问题。企业家做"网红"，也是为了提升销量。因为，产品力和营销力同样重要。

人们传统印象中的"酒香不怕巷子深"，放在如今这个时代已经不适用了。因为大多数人的产品，并没有不可替代性，除非像高端芯片和药品那样具有稀缺性。现在的短视频信息的透明化也使得市场上的产品信息变得公开，用户可以轻松地比较不同产品之间的差异，这使得竞争更加激烈。

企业家选择做"网红"，也是为了给用户留下真诚、亲民的形象，这对于提升销量是很有帮助的。

② 构建企业和个人的品牌形象

企业家选择做"网红"，其好处不仅仅是提升销量那么简单，更深层次的原因是构建品牌形象。企业家的发言习惯、审美、价值观念、个人成就等，都会给用户留下印象，这种印象又会投射到企业的品牌上。

比如，如果一个企业家的形象比较积极、儒雅，那么用户就会把企业家的这种形象与企业品牌联系在一起，从而提升对企业的好感度和信任度。相反，如果一个企业家给人的印象是三观不正、为人刻薄，那么企业的品牌形象也会受到损失。

在很多行业，企业家做"网红"已经成为一种趋势。搜狐 CEO 张朝阳说："企业家亲自下场做直播，打造个人 IP 已经成为趋势，这是这个时代给我们的绝好机会，用最少的成本来推销你的产品，做网红也是企业家精神的一部分。"

③ 更好地了解市场

以往企业家主要待在办公室，通过报表和数据来观察市场。这种方法虽然有意义，但缺点也很明显。报表和数据是冷冰冰的，没有一丝感情，我们能够从中看到流行趋势，但是始终和用户之间存在隔阂。企业家如果没有亲自和用户对谈，就不知道他们的真实感受。

随着"90后""00后"逐渐成为消费主力，他们的消费习惯和审美观念有着明显的不同。他们更倾向于通过网络平台获取信息，更愿意相信那些有影响力的人的推荐。因此，企业家通过成为"网红"，可以更好地与新生代的用户沟通，了解他们的需求，从而调整自己的产品和服务。

【案例回放】雷军——"Are you OK"

雷军是小米公司的创始人，被许多用户熟知。他以亲切的形象和独特的个人魅力，在中国的数码领域享有极高的知名度。

有一次，雷军前往印度参加当地的小米手机发布会，他对着台下的观众说了一句问候语："Are you OK（你好吗）？"由于其独特的发音，这句问候语迅速走红，成为一股网络热门现象。

很快，互联网上出现了无数转载"Are you OK"的短视频及其二次创作。其中，B 站的一位 UP 主，用软件将雷军的这句话配上音乐，做成了音乐视频（见图 2-1），收获了 4000 万播放量，进一步将短视频热度推高。

图 2-1　B 站视频截图

如今，"Are you OK"这句简单的问候语，早已经成为雷军的个人标签之一，它既体现了雷军的亲民形象，也反映了小米品牌年轻、时尚、接地气的特点。

容易成为 IP 标签的三种特质

做短视频 IP，最重要的就是选对人。有的人看着各方面条件都很好，但拍出短视频以后，其数据平平无奇，甚至赶不上那些条件不好的人。有的人天生就容易火，因为他们身上具有某种特质，能够引起用户的共鸣。

那么，容易成为 IP 标签的创作者有哪些特质呢?

❶ 足够独特的内容

与众不同的人，更容易给人留下深刻的印象。给人留下深刻的印象，才能成为一个立得住的 IP。最典型的就是长相漂亮的人，无论男女，都很容易获得人们的好感。不过，现在网络上漂亮的人太多了，人们的审美也越来越高，渐渐产生了审美疲劳。因此，只想靠颜值走红，也不太容易了。

除了颜值以外，独特的才艺、知识、见解等，也能给用户留下深刻的印象。比如，流行天王迈克尔·杰克逊，他的"太空步"，就是一种独特的舞蹈动作。这个标志性的舞蹈动作几乎成了他个人的 IP 象征，直到今天仍然有许多人在互联网上模仿他。

❷ 足够专业的知识

你如果在某一方面具有专业的知识，就可以把自身的专业性展现出来，这将成为构建个人 IP 的重要基石。你可以把自己打造成一个专家式的人物（心理学专家、法律知识博主等），比如罗翔凭借深厚的法学知识，用通俗易懂的方式讲解复杂的法律案例和知识，在 B 站等平台吸引了大量用户。"罗翔讲法律"就成了一个广为人知的 IP 标签。

还有一些人是意外走红的，如在新闻事件中，某专家由于其专业性质，以及事件的严重程度，人们很难不对他产生印象。比如钟南山院士，由于其在公共卫生领域的成就，他走红几乎是必然的。

③ 足够动人的情感

有一些 UP 主，并不依靠特殊的才能，也没有过人的相貌，但是他能够调动人们的情感，勾起人们对某些情绪的记忆。比如，有些 UP 主以"80、90 后的回忆"为主题，把各种老式玩具、照片展示出来，如弹珠、卡牌、小霸王学习机等，再配上怀旧的音乐，会瞬间勾起人们的情感记忆。他们可能会在评论区分享自己当年玩这些玩具的趣事，从而增加短视频的互动性，让这个 UP 主的视频热度持续上升。

还有些人遭遇了巨大的不幸，他们把自己的故事发布在网上，像写日记一样记录自己的生活，也很容易引起人们的共鸣。甚至有人把自己遭遇不幸的短视频做成一个系列，讲述自己是如何一步一步振作起来的，每天努力生活、不断投递简历等，这样的短视频看着就像一部跌宕起伏的连续剧，这种真实的经历和情感，非常容易感染用户。

【案例回放】形象出众的知识科普 IP

"剑桥萌叔"是抖音上的一位知识科普博主，他的简介十分亮眼：曾在国际顶尖学府剑桥大学留学、然益多公司创始人。

他的视频内容，以知识科普为主。在介绍人类前沿的理论和技术时，他能够将硬核的理工科知识，与高深的哲学思辨结合在一起，给观众留下了深刻的印象。在他的讲述下，科技不再是冷冰冰的，而是充满了人文的温度。

硬核科普、精英"人设"，再加上俊朗的外貌，以及清爽的气质，这些特质使得他的个人 IP 极具辨识度与吸引力。

精准画像：分析目标受众

构建 IP，其目的是打造一个形象，去面对用户。这意味着，在打造 IP 之前，我们必须了解用户的喜好是什么，然后朝着用户能够接受的方向去努力，至少不能让用户讨厌。因此，分析目标受众的用户画像，是打造 IP 的基石。

用户画像是一个全面又细致的工作，应该从多个维度去了解用户，包括用户的年龄、性别等基础信息，以及兴趣爱好、使用场景等深层次信息（见图 2-2）。比如，仅仅知道用户是一位年轻女性，是没办法确定她一定愿意在护肤品上投入大额消费的，所以我们需要对她的个人信息进行更深入的了解。

图 2-2 用户画像示例

1 年龄

不同年龄段的人群往往具有不同的兴趣、消费习惯和需求。比如，年轻用户可能更关注时尚、科技产品和娱乐活动，而老年用户可能更注重健康、养老服务和传统商品。

2 性别

性别差异会导致用户在产品偏好、购买决策过程等方面有所不同。比如，女性在美妆、服饰等领域通常是主要消费群体，而男性可能在汽车、电子游戏等方面消费较多。

3 收入水平

高收入群体可能更倾向于购买高端奢侈品、投资理财产品及享受高品质的服务，如私人定制旅游、高端健身会员等；中等收入群体则注重性价比高的产品和服务，以满足日常生活和工作需求；低收入群体更关注基本生活必需品的价格和实用性。

4 教育程度

教育程度较高的用户可能对知识付费产品、文化艺术活动、专业培训课程等有更大需求，并且在接受新事物、新技术方面往往更具开放性和适应性；教育程度较低的用户可能更侧重于基础技能培训、实用型产品和服务。

5 职业

不同职业的人群面临不同的工作场景和压力，从而产生不同的需求。比如，办公室白领可能对办公软件、舒适的办公家具、健康的工作餐等有需求；而体力劳动者可能更需要耐用的劳动工具、防护装备和体能恢复产品。

6 城市与农村

城市的用户通常更容易接触各种时尚潮流、先进科技和多元文化，往往对高品质餐饮、娱乐场所、便捷交通等基础设施有较高要求；农村的用户则可能更依赖农业生产资料、基础生活用品及农村电商服务，且消费观念相对较为传统和保守。

⑦ 地区差异

不同地区有着不同的文化习俗、气候条件和经济发展水平。比如，在寒冷地区，保暖用品、雪地装备等冬季产品的需求较大；而在旅游胜地，旅游相关的产品和服务，如酒店、景区门票、特色纪念品等更受欢迎。

⑧ 兴趣和习惯

清楚用户常用的社交平台、浏览的网站类型及参与的线上活动。比如，短视频创作者要想在抖音和小红书做短视频，就要先研究这两个平台的风格，以及用户的价值取向、兴趣和习惯。

【案例回放】阿里巴巴的八大客户群体系

阿里巴巴公司曾经总结了八大消费目标用户画像，包括小镇青年、都市 GenZ、都市白领、精致妈妈、都市中产、都市蓝领、都市银发族和小镇中老年。这些群体都有其独特的价值观、生活方式、品类及渠道触点偏好，可以作为参考。

（1）小镇青年：18～35 岁，三、四线城市及以下。他们有钱有闲，生活压力相对较小，对美食、美妆、电子产品等有显著兴趣；重视社交生活，注重性价比。

（2）都市 GenZ（Z 世代）：18～24 岁，主要居住在一、二、三线城市，成长于互联网时代。他们对网购青睐有加，对新奇、有趣的事物充满热情，是潮流服饰的忠实拥趸。同时，他们热衷于互联网圈子，如宅文化、二次元、电竞等。

（3）都市白领：25～35岁，一、二、三线城市，高收入高消费，隐形贫困人群。他们工作节奏快，对消费便利性要求高，青睐线上渠道，尤其是O2O到家平台。他们对提升自我价值十分关注，是护肤美妆、知识付费等消费领域的主力人群。

（4）精致妈妈：孕期到小孩12岁以内的年轻女性。她们通常很看重家庭健康与安全，是家庭主要的购物者，关注家庭用品、婴儿用品及美妆护肤品等。

（5）都市中产阶级：25～35岁，一、二、三线城市，拥有较高的收入和稳定的工作，注重生活品质和健康生活方式。

（6）都市蓝领：主要指在大城市从事体力或低技能工作的劳动者，他们通常对价格敏感，更注重实用性和性价比。

（7）都市银发族：指年龄较大的城市居民，他们通常有较高的退休金和储蓄，对健康和休闲产品有较高的需求。

（8）小镇中老年：生活在低线城市的年龄较大的居民，他们通常更保守，注重传统价值观和性价比。

明确主题：确立账号的内容定位

想拍短视频的人有很多，但是，绝大多数在第一步就犯了难：自己究竟该拍什么呢？其本质就属于账号的主题问题，即创作者选择什么样的领域、拍摄什么样的节目。只有想通了这一点，创作者才有往下走的可能。

以抖音为例，目前抖音平台的用户最多，因此视频主题也最多，包括娱乐幽默、舞蹈、音乐、科技数码、生活记录、健康养生、商业财经、文化艺术、旅游攻略、萌宠等。

① 尽量做自己熟悉的领域

对普通人来说，拍摄短视频最好从自身的优势出发，选择自己熟悉且有热情的领域，这样能够保证持续输出高质量的内容。比如，如果你是一名美食爱好者，或有烹饪的专长，那么美食制作、美食探店、食材科普等可以作为你账号的主题。

也许你会说："我又不是专业的厨师，拍出来的短视频哪有人愿意看？"目前，各大平台上，几乎都有专业的厨师账号，他们的技术很好，拍摄水平也很高，都成功地收获了大批流量。我们既然做菜水平不高，那么就应该从表现手法入手，让用户看到我们新的一面。比如，我们可以"××学厨日记"为主题，展示自己如何从一名新手，逐步提升厨艺的过程。或者，以"××野厨"为主题，拍摄自己在野外寻找食材、进行烹饪的过程。这些别出心裁的主题，都有可能获得观众的兴趣。

② 能给用户带来何种价值

用户虽然看短视频大多是为了打发时间，但是打发时间是很抽象的。短视频创作者如何做才能够吸引用户持续观看呢？其根源是向用户提供价值。

（1）实用价值。实用价值是最简单、最直接的，还以烹饪为例，制作美食视频，带领用户一起学习，这件事就是非常有实用价值的。你若向用户提供知识、技能或经验，就会让用户觉得，看你的视频"很有用"。许多 UP 主正是通过分享实用的经验，成为用户心中的"宝藏博主"的。

（2）娱乐价值。创作者通过有趣的故事、搞笑的视频、幽默的文案等使用户在闲暇时光获得放松和愉悦。像一些喜剧制作账号、搞笑段子分享账号等都以娱乐为主要价值。

（3）情感价值。短视频旨在引发用户的情感共鸣，如励志账号通过分享成功故事激励用户奋发向上；情感咨询账号旨在为用户排忧解难，提供情感支持和建议。

【案例回放】大冰和麦子阿姨

作为畅销书作家、民谣歌手，大冰的短视频内容定位是心灵慰藉和生活分享。他经常在短视频平台分享一些文学、生活、音乐方面的内容，并与网友进行互动。

2024 年，大冰在直播时与网友进行连线，其间遇到了一位阿姨。她向大冰介绍自己是一位农民，已经 60 多岁了，她想出去看看祖国的大好河山，但她手里的钱不多，想向对方征求一些建议。在直播中，阿姨用苍老却又满怀希望的声音说："种完麦子，我就往南走。"

这位阿姨朴实的语言，简单的愿望，却令万千网友感动不已。听着阿姨的陈述，人们从中联想到自己的生活，明明已经生活得很艰难，心中却仍然存有美好的愿望。

阿姨的一番话，迅速登上热搜。新华社、《潇湘晨报》等媒体也纷纷对其进行报道。网友亲切地称这位阿姨为"麦子阿姨"。大冰也以真诚和幽默的风格，获得大量网友的好评。

基础信息，性格鲜明的"人设"

短视频的一大特点是碎片化，用户在坐公交车、排队期间、休息的时候，都可以刷短视频。作为内容创作者，你要想让用户记住你，就要给自己一个固定的形象，让用户知道：你是什么人、你有什么样的性格、或者说，你想展示什么样的魅力，以便让用户记住你。这就是"人设"的意义。

1 列出自己的基本信息

塑造"人设"的第一步，主要是对自己进行剖析，找找自身的特点，包括年龄、性别、兴趣、职业等。这些信息要是真实、特点鲜明的，能够让用户更加直观地认识你。就像是与用户初次见面时，你做的自我简介。

比如，塑造一个"创意插画师"的"人设"时，你可以先列出如下基本信息。

年龄：30 岁

性别：女

职业：创意插画师

代表作品：《××××××》

作品风格：先锋视觉设计，关注当下热门的动漫角色、时尚服饰、新兴的音乐风格等。

此外，你在塑造"人设"时，可以突出自己的优点，但也不要掩饰缺点，因为完美的"人设"往往会被质疑，不如放大自己一个无伤大雅的缺点，反而更容易使自己用户被接受。

② 性格是"人设"的核心部分

有人说，一个人的性格，就像一面镜子一样，可以窥见他的内心世界。在日常生活中，性格对我们的影响非常大，很多时候它会直接影响他人对我们的印象。

假如你是一个外向型的人，平时给人乐观、开朗的印象，那么不妨把自己打造成一个"正能量的传播者"。在拍摄短视频的时候，无论是文案、语气、音乐、色调，还是动作、表情，你都要保持乐观、向上的状态。

外向型的"人设"是非常讨喜的，但是内向型的"人设"也有自己的优势。比如，虽然外向容易快速拉近和别人的距离，但是内向更容易洞见灵魂的深度。比如，著名喜剧演员金·凯瑞，在荧幕上逗得观众哈哈大笑，生活中却是个抑郁症患者；周星驰也是一位喜剧大师，生活中可能是个孤独的人。他们的性格虽然不是乐观、开朗的，但是人们反而更加喜欢他们了。

③ 把你的故事整理出来

有了"人设"以后，你就解决了第一个问题：你是什么人。接下来，你还需要让用户知道：你做了什么事。

比如，企业家会讲述自己的成长经历、奋斗历程、成功案例，或与产品、服务相关的故事，这些故事能够让用户更加深入地了解其"人设"背后的情感和价值观，增强"人设"的可信度和吸引力。

有了故事，"人设"才会丰满、鲜活，而非空洞的标签。用户能够从这些故事中深切地感受到其坚韧不拔、勇于创新、敢于拼搏的精神特质，从而更容易与这个"人设"产生情感共鸣和深度认同，也能更加全面地理解和记住短视频创作者想传达的精神。

【案例回放】做广告的金枪大叔

"金枪大叔"是抖音上的一位知名人物，也是一位广告从业者（见图 2-3）。在视频中，他向用户讲述了自己从业多年以来的心得，透过现象直击商业营销的本质，用简洁、有力的话语，剖析各种品牌营销案例的优劣。

图 2-3 "金枪大叔"的抖音页面

他的个人简介非常个性——"千年一遇的广告鬼才、'送营销下乡'免费扶持小店主发起人……"既点明了自己的职业经历，也突出了个人的性格。结合他的短视频，我们很容易发现，他给自己塑造的"人设"，是一个经验丰富、思维敏捷、不绕弯子的行业资深人士。一副圆框眼镜、花白的胡须、长长的头发、粗犷的造型，则使他的形象具有极高的辨识度。

强化用户记忆：创造标志性元素

创造标志性元素，可以帮助我们强化用户记忆、打造独特的品牌形象，它包括外貌、衣着、口头禅、拍摄场景、剪辑手法等。

1 从外貌形象入手

既然是真人出镜，那么短视频创作者的外貌肯定需要仔细整理。

（1）干净整洁。通常，短视频创作者的外貌需要保持干净、整洁，使用户看着顺眼，这样能够尽可能地留住用户。比如，企业家、医生、律师、带货主播等职业，都对保持形象有较高的要求。

（2）邋遢、扮丑。也有一些短视频创作者，刻意打扮得很邋遢，或者穿搭得很怪，用扮丑的形式突出自身的特点。其中，一些创作者成功地获得了流量。比如，骑行、cosplay（角色扮演）、助眠 ASMR、搞笑主播等，他们做的内容并不是那么严肃的，而是比较新奇、有趣的，在打扮时就可以更加突出一点。但是，相比之下，这是一步险棋，需要谨慎使用。

（3）服饰搭配。也有些创作者的长相比较特殊，如具有异域风情的相貌、特别的五官（如招风耳、蒜头鼻、泪痣、虎牙等），也容易给人留下深刻的印象。因此，短视频创作者可以考虑围绕这些独特元素，强化"人设"的特点。比如，一位新疆地区的创作者，长着深邃的眼眸和高挺的鼻梁，那么就可以搭配少数民族服饰出境。

② 从语言、动作入手

（1）口头禅。短视频创作者可以为自己设置一个口头禅，比如，"你懂得""有意思"等，在视频的高潮部分出现，以加深用户对我们的印象。口头禅越奇怪，越容易给用户留下深刻的印象。

也有一些短视频创作者，说话时带有浓郁的口音，这也会成为自身一种标志性元素，牢牢地附着在"人设"上。

（2）行为动作。挥手、点头、眨眼、走姿、坐姿等，如果频繁出现，并且具有一定的特点，也会成为短视频创作者"人设"的一部分。

（3）互动方式。短视频创作者与用户的互动方式也是其标志性元素之一，比如，回复评论时，习惯使用的词语、表情包等。

③ 从视频拍摄入手

（1）特定的拍摄场景。这可以成为"人设"的一部分，如古城、荒漠、大海、健身房等。用户一看到这种拍摄环境，就会联想到短视频创作者的身份、工作等信息。

（2）剪辑手法。每个短视频创作者的剪辑习惯都不一样，有的喜欢快速切换镜头，有的喜欢使用长镜头，还有的喜欢用慢动作回放，这些都能体现创作者的性格和审美。

【案例回放】"极致土味"和"国际时尚"的反差

抖音上有位博主叫"氧化菊"，她是一位玩反差的高手，被网友们称为"用最时尚的脸穿最土味的衣服"。在人们的印象里，极致土味和国际时尚似乎天生就是一对不可调和的产物，但是在"氧化菊"的视频里却做到了二者的和谐相处。在她的视频中，她通常首先会选择一些比较随意的场景，例如高粱地、野草地，将土味十足的尿素袋、春运麻布袋、东北大花布等改造成大牌高定那样的样式，让土味素也焕发出时尚感。这一前一后的强烈反差感，让人们对她的才华很是佩服。

做"人设"，一定要真人出镜

真人出镜是一道心理挑战关。很多人觉得自己长得不好看，或者感到害羞，不敢出镜，只能使用虚拟形象当 IP，或者干脆只做图文。

1 一定要真人出镜

真人出镜是打造"人设"的必要条件，它的优势是非常明显的。

首先，真人出镜具有真实感，这是虚拟 IP 不具备的。当本人出现在镜头前时，用户可以直观地看到其表情、神态、动作等，更容易建立一种真实、亲切的感觉，仿佛是在面对面地交流。短视频的本质不是内容，而是社交，因此，如果用户连你的脸都看不到，又怎么可能对你寄托感情呢？有些领域的短视频，如美妆类、生活记录类等必须真人出镜。

其次，真人出镜能够塑造独特的形象。每个人的外貌都有独特的特征，因此短视频创作者可以和自己的穿搭风格、行为习惯等结合起来，打造极具辨识度的"人设"形象，使人产生深刻印象。比如，有的舞蹈类、娱乐类的创作者，在拍摄视频的时候，会戴上口罩、眼镜等装饰物，虽然没有让用户看到他们的长相，但树立了个性鲜明的"人设"。

2 把真实的自己展示出来

做短视频，一定要真实，真实永远胜过虚假。

那些弄虚作假的短视频创作者，或许能在短时间内获取流量，但是他们需要刻意去扮演，或者虚构一些不属于自己的内容，这很容易留下破绽。当谎言被戳破的一天，他们的"人设"就崩塌了。

相反，展示自己真实的一面，能够减少很多心理负担。我们拍摄的内容，大多是生活中已经发生过的，我们把这些内容拍摄下来，然后分享出去，完全没有心理压力。我们只需要去发现生活中有趣的地方，而不是构思复杂的剧情、塑造脱离自己的角色等。长此以往，我们会发现这样的工作方式更轻松、更自在，从而能够持续输出内容。

真实往往最能打动人心，因为短视频创作者经历过的挫折、收获的喜悦等生活场景和情绪，其他用户也可能正在经历或者曾经有过相同感受。作为短视频创作者，我们如果把这些真实的情况通过短视频展现出来，很容易触动他们内心深处的那根弦，让他们感同身受，进而在评论区积极留言互动，分享自己的相似故事，这样不仅能增强账号的活跃度，还能让我们收获满满的情感支持。

不过，展示真实的自己，也要把握一个度，我们的隐私方面，不要毫无保留地泄露出去。此外，我们还要注意不违背公序良俗，这样才能使自己的短视频创作之路走得更稳、更长远。

【案例回放】周鸿祎 —— 一把手为公司获取流量不可耻

新能源汽车市场火了以后，许多相关公司的高管亲自出镜，打造个人IP。比如，华为汽车BU董事长余承东、小米公司董事长雷军、蔚来汽车董事长李斌、长城汽车董事长魏建军等。这在以往是很难看到的景象。

有一次，360集团创始人周鸿祎和余承东谈到了这个问题。余承东直言不讳地说："这是为了营销宣传，为了流量问题。因为市场竞争很激烈，很内卷，营销广告投入（很大），大家投不起，（高管做个人IP）能够把自己的产品介绍出去，让消费者知道。以前大家说'酒香不怕巷子深'，但是你看在央视做广告的很多都是酒企，所以这句话本身就是伪命题。"

第 3 章

策划先行，选题好才会有流量

对于短视频博主而言，策划选题是工作中的重要任务，也是通往成功的必经之路。那些自带流量的选题，往往都具备新颖性、独特性、时效性和共鸣性等特质，它需要我们深入洞察市场需求，精准把握用户心理。

选题创作的四种类型

所谓选题，就是短视频的核心内容。短视频的选题其实并不难，只要掌握了方法，我们就会发现拍视频的思路变得很清晰。也就是说，我们应该拍什么、应该怎么拍、拍完以后用户可能有什么反应，这些都将有迹可循。

① 做常规选题

常规选题，就是我们平时拍得最多的选题。比如，我们的账号主要拍摄厨艺视频，那么常规选题就是围绕着家常菜、地方特色菜去做，或者讲解刀工技巧、火候技巧等。

常规选题需要我们有行业知识的积累。我们在一个行业内长期耕耘时，自然会掌握很多专业知识，还知道行业外的人会有哪些不了解的地方，这些都可成为常规选题的源泉。

② 做系列选题

为了让账号看起来更专业、条理更清晰，我们还可以把选题做成一个系列。比如，"家常菜"这个词太宽泛了，听起来很繁杂，不如划分成春日时令菜、夏日时令菜、秋日时令菜、冬日时令菜，这样看起来就更有条理了，针对性和趣味性也更强。

在广度方面，我们要考虑选题能否涵盖相关主题的多个方面。比如，春日时令菜不能只介绍美食，还可以从当地的文化习俗、菜品的营养价值等维度出发，让用户能够全面地了解菜肴的相关信息。

③ 做定制选题

有时，短视频创作者需要与特定的客户进行合作，此时就需要根据客户的要求量身定制选题。比如，历史、时政类创作者与某服装品牌合作，为该品牌出一期定制视频，可以从时间的角度，讲述不同时期的服装变迁，再引申到该品牌的时尚新品。虽然这是在打广告，但它是软广告，很容易使用户接受。

④ 围绕"人设"做选题

有的短视频创作者并没有明确的领域，有时做时尚，有时做美食，看起来比较复杂。这类型的创作者，主要依靠个人魅力去吸引用户，而不是传统的专业技能，因此在做选题的时候，主要是围绕"人设"去做的。

做短视频需要有一个特色鲜明的"人设"，那么该如何体现"人设"呢？最好的办法当然是用视频内容来体现。比如，你的"人设"如果是"精致生活家"，那么在短视频中就应该体现生活品质，而不能邋遢。因此，选题就可以从家具布置、日常穿搭、音乐和美景等角度去做。这样，既能兼顾多个领域，又能做成系列，而不会产生冲突。

【案例回放】一位淮扬菜大师的短视频选题

抖音博主"特厨隋卞（biàn）"是美食视频领域的佼佼者。隋卞师承国宴大师郑秀生，至今已在淮扬菜行业从业三十余年，并且担任希尔顿、洲际酒店行政总厨。

随着短视频的兴起，隋卞也做起了自媒体。他的选题主要分为两种，一种是探店视频，在账号"特厨隋卞（biàn）"上发布，从菜品的刀工、选材、制作、火候等角度，对饭店的厨艺进行精准点评；还有一种是向大众教授菜肴的制作技法，在另一个账号"隋卞做"上发布，见图3-1。

图 3-1 "隋卞做"账号上发布的美食教学视频

截至 2025 年 2 月底，抖音账号"特厨隋卞（biàn）"粉丝量已达 350 多万，成为美食领域的知名作者。

从热点里找选题

我们在找选题时，如果没有好想法，蹭热点也是个不错的选择。蹭热点可以给我们节省很多精力。比如，平时发生的社会新闻、政治事件等，只要与我们的视频内容相关，或者能引发用户的共鸣，就有可能成为我们获取流量的好帮手。

1 跟踪平台热搜话题

每个短视频平台，都设置了热搜榜单，我们可以轻松地从中发现当前的潮流趋势。在平台的热搜榜单中，通常涵盖了各种各样的主题，如娱乐、科技、社会、体育、财经等。这为短视频创作者提供了丰富的选题宝库，可以拓宽创作者的思路。比如，一个财经类短视频创作者，在热搜上看到 AI 人工智能的新闻，就可以从中获得灵感，分析一下 AI 领域未来的投资前景。

2 搜集热门评论

在视频下方，一些用户的高赞评论，也是非常值得关注的。这些高赞评论，往往是大众最关心、最认同的，因此它们具有成为热门选题的潜质。比如，在一个科技产品的评测视频下方，有的用户提出意见，通过犀利的话语，表达了对产品续航的不满，引发了大众的共鸣。因此，这类评论就可以作为参考。我们可以把产品续航作为选题，专门出一条短视频，横向对比目前市场上的同类产品。

❸ 对热点进行二次创作

对于热搜短视频，我们可以模仿，也可以进行改编，同时加入一些特殊的手法，如搞笑、恐怖、夸张等，使短视频充满趣味性。比如，某位明星在微博上宣布恋情，文案中出现"我们"二字，迅速登上热搜，引发全网讨论。此时，另一位明星拍了一张照片，他用光秃秃的头顶，靠着家里的木门，配文"我——门"，引得众多用户哈哈大笑。

对于一些影视剧中的精彩片段，有时我们也可以借鉴此类视频的叙事结构、拍摄手法、视频要素等，进行二次创作。

❹ 对热搜进行多角度分析

通常，在制作短视频文案时，我们需要从多个角度，对热搜进行分析，如认同、发散思考和反对等。

我们如果认同热搜中的观点，就可以进一步阐述其中的合理性和必要性。比如，当热搜中出现了一条和环保有关的视频时，我们就可以表达自己的认同，并且从生活中的小事进行举例说明。

对于热搜视频中的观点，我们还可以从多个角度进行思考。比如，关于环保，我们能说的还有很多，包括当下热门的新能源汽车是如何改善环保的，又存在哪些潜在的环保弱点。

当我们反对视频中的观点时，我们就需要有充分的依据和严谨的论证，通过反例和深入分析，有理有据地反驳热搜观点。正反观点的交织，可以激发用户更广泛的思考和讨论。

【案例回放】拆解手机是如何爆火的

"杨长顺维修家"是抖音的一位科技领域的自媒体创作者，平时从事手机的维修、拆解工作，偶尔发布短视频，积累了一些粉丝。然而，真正让他火遍全网的，则要归功于一次他对华为 mate 60 手机的拆解活动。

2023 年 8 月，华为公司在没开产品发布会的情况下，出其不意地直接开售华为 mate 60 手机，引发全网讨论。人们的关注点主要是：华为 mate 60 手机的芯片是国产的吗？是不是 5G 手机呢？

作为一名科技博主，杨长顺买了一部华为 mate 60，然后在抖音上直播拆解。随着他一步步拆开零件，人们终于确认了华为 mate 60 中使用的正是华为自主研发的 5G 芯片，国产化率极高。这意味着华为突破了国外的技术封锁和制裁。当时，有 20 万用户在线观看杨长顺的直播，而杨长顺的拆机过程，也被网友做成短视频，发布到各个平台上，成为爆款短视频。

用户痛点就是最好的选题

用户痛点，就是用户在日常生活中遇到的问题或需求，具有极高的关注度。短视频创作者捕捉到这些痛点，并将其转化为选题时，就能够创作出直击用户心灵、引发共鸣的内容。因此，用户痛点的捕捉是每一位创作者都需要学习的。

1 根据痛点找选题

知道目标用户最关心什么，短视频创作者就要在短视频里面说出来。比如，那句经典的广告语："孩子咳嗽老不好，多半是肺热，快用××牌小儿肺热咳喘口服液。"其中，"孩子咳嗽"就是家长的痛点。

再如，美食短视频的创作者，可以从用户最关心的地方着手，包括食材如何处理、火候怎么把握、放什么调料等。针对这些痛点，短视频创作者可以推出一系列关于食材处理技巧、调料搭配秘籍等内容，既满足用户的实际需求，又提升他们的烹饪技能和视觉享受。

2 用户痛点的五个层次

美国心理学家亚伯拉罕·马斯洛提出过一个理论。他把人的需求分为五个层次，包括生理需求、安全需求、归属与爱的需求、尊重需求和自我实现需求（见图 3-2）。短视频创作者在挖掘用户痛点的时候，可以从下面五个层面着手。

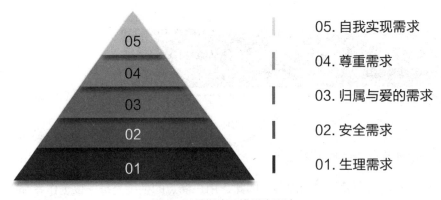

图 3-2 马斯洛需求层次理论

（1）生理需求。它满足人们基本生存的需求，主要指衣食住行方面。比如，食物是否绿色、纯天然、无污染，还有房子的租金、位置，衣服的质量是否达标等。

（2）安全需求。它包括健康安全、财产安全、信息安全、出行安全等。比如，女性在夜间出行可能会担心自身安全，工人工作时可能面临安全风险等。

（3）归属与爱的需求。人们都有情感需求，因此需要社交。比如，生活在外地的人，可能会因为缺乏朋友而感到孤独，或者性格内向的人在社交场合会感觉不自在，或者年轻人比较关注的情感问题、家庭问题等。

（4）尊重需求。人是有尊严的，需要得到他人的认可和尊重。然而，很多人总是缺乏自信心，受到欺凌或不被尊重，给他们带来很多烦恼。

（5）自我实现需求。人生的最高境界是自我认可。比如，一个人遇到职业瓶颈、找不到就业方向，或者无法实现人生理想时，就会产生极大的烦恼。再如，很多家长担忧孩子的学习，其中一个很重要的原因，也是自我实现需求，因为孩子学习差，会令家长认为自己不是合格的父母。

【案例回放】炒制火锅底料的文成

文成是抖音平台上的一位主播，他在短视频中向用户详细展示了火锅底料的炒制过程。在拍摄过程中，文成经过反复试错，不断提升画面质量，最终拍出的高质量视频，获得了无数用户的关注。

文成选用了各种材料，然后在直径超过一米的大锅中，放入大块的牛油、花椒、葱、姜、舅母子、冰糖、糍粑辣椒等。由于其纯正的四川口音，用户开玩笑地将"糍粑辣椒"读成"磁暴辣椒"，将"豆母子"读成"舅母子"。他锅中放入的少许冰糖，也被用户调侃成："有冰糖，是甜口的，广东人可以食用。"

文成的卫生习惯，也使用户看得十分放心。比如，每天使用的锅具和炊具都是洁净的，甚至炒完火锅底料后，文成身上穿的白色 T 恤也没有粘上油污。人们相信，这样一个注重卫生的人，制作的食材肯定是安全的。可以说，文成抓住了用户对于食品安全的痛点，这是他能够成功的一个重要因素。

从对标账号里找选题

从对标账号里找选题，指的是短视频创作者学习同行的热门视频，从中汲取灵感，进行选题策划。这是初学者找选题的一个很好的方法。

1 分析对标账号的热门选题

作为短视频创作者，我们要先找到对标账号后，然后观察他们的作品流量，包括点赞数、转发数、评论数、浏览量等数据，从中找到数据较高的作品。比如，某个健身博主的账号中，有几条短视频是关于"高效减脂""在家练马甲线"的，在他最近的内容中点赞量很高，这说明关注他的粉丝最近对于减脂和健身比较关注。这就表明，这两个话题可以成为我们接下来的备用选题。

借鉴对标账号的选题，可以合力推高话题流量，这对原视频创作者也是有好处的。一个人的力量毕竟是有限的，也就是说，如果一个赛道里只有一个博主在做，那么关注这条赛道的用户就会很少。更多人围绕类似选题进行创作时，其实是在不断地扩大这类赛道（选题）的影响力，让其在平台上的热度持续攀升。这样，原短视频创作者也可以获得更多的曝光机会，吸引更多潜在的新用户。

比如，某个短视频创作者在一个小众的景点拍摄了一条视频，获得了不少点赞。其他创作者看到以后，也纷纷前往该处拍摄短视频，使得这个景点被更多人知晓。而原短视频创作者作为第一个分享的人，就有了扩大流量的机会，他可以把当时的经历详细地讲述出来。这样，人们就会知道，原来他才是第一个短视频的拍摄者。

② 热门选题的借鉴方法

学习对标账号的热门选题时，短视频创作者需要做出不一样的东西，如借鉴对标账号的一部分思路，但不要原版照抄。如果我们的选题、素材、拍摄手法和原作者的一模一样，那么用户为什么要来看我们的盗版视频，而不去看原作者的呢？因此，在参考对标账号的基础上，要努力寻找差异化竞争的选题方向。

（1）细分领域拓展。观察对标账号的内容覆盖范围，尝试挖掘其尚未深入涉及的细分领域或小众话题。比如，在宠物类账号中，大部分可能侧重于宠物饲养和常见疾病防治，而我们可以关注宠物的心理行为训练、老年宠物护理等相对小众但有需求的领域，从而创作"宠物老年痴呆症的预防与护理指南"这样的选题。

（2）独特的视角。对热门话题，尝试用不同的视角或观点进行解读和创作。比如，在电影评论类账号众多的情况下，很多短视频创作者是从剧情、演员表演等常规角度分析电影的，而我们可以从电影的拍摄手法、背后的文化隐喻等独特视角出发，创作"《××电影》：镜头语言背后的深层文化内涵"这类选题。

（3）强调独特的卖点。有的短视频创作者着重强调某款产品的某个卖点，而我们拍摄相同选题时，可以从产品的另一个卖点出发，这样一来便可以轻松完成差异化。

（4）注意时效性。在分析对标账号的时候，我们也需要考虑时效性。比如，在中秋节到来时，很多短视频创作者会发布节日相关的视频，或是介绍中秋节的民俗，或是介绍中秋节的活动。然而，此类短视频的时效很短，过了节日以后，人们又重返工作，对于此类短视频的关注度就会降低。因此，我们不要盲目追此类选题。

【案例回放】一个美国小伙的捐赠之旅

2022年，一位美国小伙埃文·凯尔，收到了一份特殊的物品，那是一本要求寄售的第二次世界大战时期的相册，里面有30余张照片，记录了第二次世界大战时期日军在南京大屠杀期间的罪行。埃文·凯尔立即意识到，这不仅是一份历史记录，还是法西斯的犯罪证据，应当被世人铭记。于是，他找到了中国驻芝加哥总领事馆，无偿捐赠了这本相册。

这件事很快成为网络热门话题，也博得了很多中国短视频创作者的关注。他们发现了这个选题，于是制作了与第二次世界大战期间日军侵华相关的视频，并且把埃文·凯尔的个人独白，以及他接受采访的视频转载到网络上，进一步提高了网络热度，让更多人知道了这件事。

跨平台借鉴热门选题

因为各个平台的风格不同，吸引的用户群体也有所不同，所以各自呈现的内容也有差别。比如，微博上出现了一个热门话题，有许多用户讨论，但是抖音、快手等平台上与之相关的短视频较少，那么我们就可以把这个热门话题做成短视频，抢先发布在抖音平台上。

除了微博、抖音、快手、今日头条、小红书等常见的短视频平台以外，还有如下一些影响力较大的平台。

① 资讯类平台

（1）腾讯新闻。腾讯公司推出的移动端新闻软件，提供全天候、全方位、即时报道的新闻产品，专注热点新闻与兴趣资讯，以事件驱动为核心，打造行业领先的资讯消费体验，满足用户全方位的个性化需求。

（2）网易新闻。网易公司为用户打造的一款移动资讯类 App，内容涵盖新闻、财经、科技、娱乐、体育等资讯类别。

（3）凤凰新闻。凤凰飞扬（北京）新媒体信息技术有限公司旗下产品，App 里有多个不同的栏目进行新闻分类，包括地方旅游热点、社会热点新闻等的追踪报道，还涵盖图片、文件、视频等形式的资讯。

（4）百度新闻。它是百度旗下的新闻客户端，其优质内容精准推荐，能将各种焦点新闻汇聚，第一时间播报重大事件。

（5）澎湃新闻。它以深度报道和时事评论著称，其内容具有较高的质量和影响力。短视频创作者关注澎湃新闻的热点专题和评论文章，可以了解一些重大事件的背景、原因和发展趋势，可以帮助我们更好地分析问题的本质和社会影响。

（6）引力资讯。它是一款聚集原创内容的资讯阅读新闻软件，其内容覆盖科技、娱乐、时尚、汽车、财经、文学等领域。

（7）和讯网。它主要提供金融证券资讯服务，内容包括股票、基金、期货、债券、外汇等市场的行情、分析、评论等，还设有财经新闻、数据中心、理财学院等频道。

（8）雪球。它是一款专注于股票投资交流的社交化资讯平台，用户可以关注感兴趣的股票、基金、债券等投资产品，查看实时行情、资讯动态、公司财报等信息，同时还能与其他投资者进行交流与互动，分享投资经验和见解。

（9）虎嗅网。关注科技、商业、文化等领域的创新动态，以深度报道和犀利的观点分析著称，其内容涵盖互联网、人工智能、消费升级、文化娱乐等热门话题，为用户提供有洞察力和前瞻性的资讯解读。

② 论坛和社区

（1）CSDN。CSDN 是国内知名的 IT 技术社区，会聚了大量的程序员和技术爱好者。在这里，短视频创作者可以找到关于编程语言、软件开发、数据分析、人工智能等技术领域的最新动态和热门话题，如某一编程语言的新特性、新技术框架的应用等，适合作为科技类短视频选题的参考。

（2）豆瓣。豆瓣涵盖了各种兴趣爱好和文化领域，如电影、音乐、读书、旅游等。每个小组都有自己的讨论话题和热门帖子，短视频创作者可以从中发现一些独特的观点和小众文化现象，为选题提供新颖的角度。

（3）虎扑论坛。虎扑论坛以体育赛事和体育文化为主要内容，吸引了众多体育迷。在这里，短视频创作者可以关注各种体育赛事的最新消息、运动员的动态及体育界的热点话题，如 NBA、世界杯等赛事的分析和评论，适合做体育类选题的参考来源。

（4）游民星空。游民星空是一款游戏论坛，用户可以在论坛上观看游戏评测、交流游戏攻略等，因此它可以作为游戏类视频的选题参考。

【案例回放】豆瓣榜单视频

　　豆瓣是一个兴趣社区，用户会在平台上给电影、音乐、书籍等作品打分，具有很高的参考价值。它能够在一定程度上反映大众对一部作品的普遍感受和接受程度。许多短视频创作者在做视频时，也会参考豆瓣上的评分较高的影视作品。

　　还有一些短视频创作者直接把豆瓣上的榜单列了出来，配上对应的电影视频、音乐等，如图3-3所示。

图 3-3　国产电视剧豆瓣榜单

它是一位短视频创作者做的近五年9分以上的十部国产电视剧豆瓣榜单。这为用户提供了一种便捷的内容获取方式，使得用户无须切换平台，就能在短视频中了解豆瓣的优质榜单内容，节省了用户的时间和精力。

跨赛道的组合选题

做短视频前，短视频创作者首先要选定一个赛道。而跨赛道的组合选题，就是把不同赛道的概念融合在一起，这是一种跨领域的结合，将不同领域、不同风格、不同受众群体巧妙地融合在一起，创造出既新颖又富有吸引力的内容。

在短视频领域，跨赛道组合选题的类型多种多样，以下是一些典型的案例。

① 美食 + 旅游

美食 + 旅游的选题是将美食与旅游相结合，通过短视频展示不同地域的特色美食和美景。比如，可以拍摄"舌尖上的旅行"这一系列短视频，带领用户领略各地的美食文化和风土人情。

② 科技 + 教育

短视频创作者的内容只是单纯地介绍科技，容易显得枯燥乏味。短视频创作者可以将科技元素融入教育内容中，通过短视频形式呈现有趣的科学实验、科技产品评测等。这样的内容既能够激发用户的好奇心和学习欲望，又能够提升他们的科学素养。

③ 娱乐 + 时尚

娱乐 + 时尚的选题是将娱乐元素与时尚元素相结合，打造具有潮流感和趣味性的短视频内容。比如，可以邀请时尚博主或明星参与趣味挑战、时尚穿搭分享等活动，吸引年轻用户的关注。

④ 体育 + 文化

体育 + 文化的选题是将体育精神与文化底蕴相结合，通过短视频展示体育运动的魅力及其文化内涵。比如，短视频创作者可以拍摄"体育背后的故事"系列短视频，讲述运动员的成长经历、训练过程及体育精神对社会的积极影响。

⑤ 公益 + 创意

将公益理念与创意元素相结合，利用短视频传播正能量和公益信息。这样的内容既能够引起观众的共鸣和关注，又能够推动公益事业的发展。

⑥ 美妆 + 母婴

美妆和母婴的目标用户主要是女性，因此将二者结合起来不会有违和感。比如，一个美妆短视频创作者，可以将母婴赛道结合起来，做"哺乳期可以化妆吗"之类的短视频。

⑦ 宠物 + 家居

宠物 + 家居这类选题主要拍摄宠物在家庭环境中的日常生活点滴，如宠物与家居装饰的互动、宠物专属的家居角落布置、宠物在不同房间的有趣行为等，分享如何打造一个适合宠物生活的温馨家居空间，包括宠物家具的选择、宠物用品的收纳与整理等实用技巧。

⑧ 健身＋时尚

健身＋时尚这类选题，主要结合时尚穿搭元素与健身训练内容，展示不同健身场景（如健身房、户外运动场地等）的时尚运动装备搭配，同时分享专业健身知识、训练技巧和健身计划制订方法，让用户在追求时尚的同时，也能掌握科学健身的要领，塑造健康有型的身材。

⑨ 亲子教育＋手工

亲子教育＋手工类选题，是指融合亲子教育与手工制作的短视频内容。因为手工可以培养孩子的动手能力，家长也参与其中，也可以收获乐趣。比如，绘画、剪纸、陶艺制作、废旧物品改造等。

【案例回放】由美食引起的回忆

王刚是一位知名的美食类短视频创作者。他通过详细、专业的烹饪教学视频，使许多用户对美食制作有了更直观的了解。他的视频内容涵盖了各种菜肴的制作，包括家常菜、地方特色菜、创新菜等。

王刚拍摄视频时，通常是以厨房为背景，看起来十分专业。然而，在一期节目中，他加入了户外景色。那期节目介绍的是豌豆尖火锅面的做法，标题为"四川人民的硬核早餐"。在短视频的前半部分，王刚穿着雨衣、雨靴，戴着草帽，在雨后的田野中摘取豌豆尖，清新、翠绿的画面使人眼前一亮，成功地引发了用户的共鸣。广大用户纷纷进行评论，争相说起了自己的回忆（见图 3-4）。

图 3-4　王刚美食视频评论区

至此，这期短视频已经不再是简单的美食短视频，而是完成了美食文化和风土人情的跨界组合。

第 4 章

创意文案，瞬间吸引用户注意力

短视频拍得好的创作者，不一定能写出好文案。一句好文案，可以让短视频产生画龙点睛的效果。毫无疑问，成功的文案，往往不仅仅是对短视频内容的简单复述或描述，更是对短视频传递的情感、价值观念的深刻挖掘和提炼。它要求创作者具备丰富的知识储备、敏锐的观察力和独到的见解，以将平凡的视频素材编织成一篇篇触动人心的文案佳作。

把文案写出"个人宣言"的感觉

将文案撰写得如同个人宣言一般，旨在传达一种深刻、独特且鼓舞人心的信息，让读者感受到作者的决心、信念与个性。这样的文案不仅能够吸引目标受众的注意，还能激发共鸣，建立深层次的情感联结。

① 喊口号是最直接的武器

要想激起用户的情绪，最简单、直接的方法，就是喊口号。这就是说，短视频创作者的文案不能平铺直叙，而是应该让用户一听就被吸引，就像是在喊口号一样。

我们在看影视剧中的场景，主角在遇到巨大挑战的时候，喜欢对着观众说一段独白，或者干脆什么也不说，只是大吼一声，此时观众的情绪就会达到高潮。比如，电视剧《狂飙》中的高启强在遇到困境时，喊出的个人宣言："我怕风浪大？你忘了我以前是卖鱼的。风浪越大鱼越贵！"电视剧播出以后，这句话迅速成为网络流行语。

短视频创作者写出的文案，也应该有这样的效果。也就是说，我们有什么样的理念，就要干净利落地说出来，让用户听到。以带货短视频为例，其文案风格就可以围绕以下方面来写。

> 低端品牌，强调的是省钱、又好用，所以要宣传"性价比"。
>
> 中端品牌，强调的是档次、有面子，所以要宣传"轻奢"。
>
> 高端品牌，强调的是文化、有思想，所以要宣传"底蕴"。

② 个人宣言这样写更励志

以下是一些可以让文案更具个人宣言风格的方法。

（1）使用感情色彩强烈的词汇。"热爱""坚定""绝不""勇往直前""无所畏惧"等词语直观地表达了情感，而且没有一丝犹豫，很容易就能传达情感。比如，"我坚定不移地追求我的梦想。"再如："前方充满黑暗，但我有无所畏惧的勇气。"又如："在这条充满挑战的道路上勇往直前。"

（2）多使用第一人称。短视频创作者要始终使用"我"作主语，告诉用户"我要做××""我们决定××"，增强个人色彩，让用户感受到我们的真诚和责任感。我们如果说话吞吞吐吐，总是在说"别人××"，会让用户的视线被转移，从而感受不到我们的存在。

（3）运用修辞手法。短视频创作者使用比喻、排比、夸张等手法，可以增强语言效果。比如，说到自己的目标时，我们可以做个比喻："无论面对多么高的山峰，只要我们有决心，就一定能爬上山顶。"

（4）描绘未来的愿景。我们要想说个人宣言，就离不开信念和愿景，详细地描述自己期望的未来，让用户能够看到我们的抱负。比如，"我希望让更多人，能够看到中华优秀传统文化的美。""希望通过我的短视频，让人们找到希望、勇气和爱。"

【案例回放】充满诗意的生活类视频文案

"邱奇遇"是一位生活领域的短视频博主,他的作品记录了生活中的平凡小事,以及与亲人的相处瞬间,展现了生活中的美好与情感,如图4-1所示。

图 4-1 "邱奇遇"账号主页

"邱奇遇"的短视频文案就像一篇篇散文诗,用优美的语言表达出对亲人的爱、对生活的思考,充满了强烈的个人情感。例如:"父母相爱,我才相信爱。""那天我爸画完了一枝玫瑰,它美得像情人欲滴的眼泪。""不用惧怕你生命里的所有冒险,爱是咒语,它是能划破一切的闪电。"

平淡朴实的日常生活,在"邱奇遇"的讲述下,充满了诗意。他用极具感染力的"个人宣言"式文案,为观众带来了温暖与感动,也启发人们重新审视生活中的美好。

标题的创作至关重要

　　在观看短视频时，大多数人会先看一眼标题。如果标题就是一条广告，那么用户观看的兴趣就会降低，很可能会直接滑过，只有少数人会继续看下去，因为他们想知道这条广告究竟讲了什么。同样地，如果短视频的标题很精彩，很吸引人，那么它的完播率就会显著提升。

　　由此可见，短视频的标题至关重要，它决定了整条短视频的播放效果。

① 标题要言之有物

　　写标题最忌讳的是故作深沉，故意卖关子。标题的用语如果太复杂，就很可能使用户一头雾水，没有继续看下去的欲望。

　　短视频创作者要想吸引用户的注意力，最好的办法就是向他们做出某种"承诺"：看了这篇文案，用户会了解 ×× 消息。因此，在写标题之前，短视频创作者要先对整篇文案进行审读，提炼出关键信息，再根据这些进行创造性发挥，并且告诉用户，自己的这条短视频是讲什么内容的。比如，"5 分钟学会超实用的摄影构图技巧""豆瓣评分最高的 10 部科幻电影""2025 年新春时尚潮流穿搭指南""专家解读当下热门经济政策"。这类标题简洁明了，直接点明短视频的主题和核心观点，能够迅速吸引感兴趣的用户。

② 标题要用词精准

　　标题是整篇短视频文案的浓缩，因此标题用词要准确。否则，一字之差，要传达的意思就有可能完全不同。比如，一条广告视频的标题："独家秘制酱料，唤醒你的味蕾。"如果我们把"唤醒"换成"刺激"，变成"刺激你的味蕾"，那么给人的感觉就变了。"唤醒"给人一种柔和的感觉，而"刺激"带有某种强迫的体验。

用词精准的另一个好处，是可以体现时效性。新上架的短视频内容总是能够吸引用户的好奇心，使他们想了解当前发生了什么。比如，"2025年，股市投资的新风尚"，就准确地界定了时间范围和主题，富有时代感与新鲜感。

③ 标题要为用户说话

文案的标题要想吸引用户，就要站在用户的立场，说出他们想听到的话。通过深入了解用户的需求和期望、挖掘他们的痛点、痒点和兴奋点、使用他们熟悉的语言和词汇来创作标题，我们可以创作出更加精准、更有吸引力的标题。

比如，一条健身短视频的标题"简单的5个动作，让你告别赘肉，塑造全新的你"，它是站在用户的立场，针对的是那些有身材焦虑、想通过健身变得更健康的人群。这样的标题不仅能够吸引用户的眼球和兴趣，还能引导他们深入了解短视频的内容，从而实现文案的传播效果和营销目标。

【案例回放】"科技不是高高在上"

作为一家推崇产品性价比的公司，小米公司的理念是"让全球每个人都能享受科技带来的美好生活"。无论是智能手机、智能家居设备还是其他各类科技产品，小米都以相对亲民的价格为用户提供丰富的功能和不错的性能，让广大用户能够轻松地将科技融入日常生活，真正在使用这些产品的过程中感受到科技带来的便利、创新与乐趣。

小米公司的这一理念，也受到了广大用户的认可。许多短视频创作者在做雷军发布会的视频剪辑时，会以"科技不是高高在上，而是服务于人民"为标题，使得短视频富有感染力，也进一步强化了小米品牌在大众心中的形象与定位。

短视频脚本的三段式创作法

创作短视频的脚本，可以通过开头—主体—结尾三个部分，即三段式创作法来进行。这是一种高效且结构清晰的创作方法，尤其适用于需要快速抓住用户注意力，并且传递核心信息的短视频内容。

❶ 开篇：快速进入主题

短视频的开头，通常是用来交代主题或背景故事的。短视频创作者如果开头处理得不好，那么用户就很难继续看下去。短视频开头的创作，常用的方法有以下三种。

（1）开场白。最常用的方法，就是说出一句开场白，比如，"大家好，我是 ××，欢迎来到今天的视频，今天我要带给大家的是……"这样的开场白简洁而有力，能够迅速地让用户知道我们是谁。许多短视频创作者采用此类开场白，已经成为他们个人 IP 的一部分。有些短视频创作者语速太快，使用户未能听清，或者听错了，反倒产生一种特殊的喜剧效果。

（2）背景介绍。说完开场白之后，短视频创作者可以简要介绍一下本期短视频的基本信息。其内容可以是短视频的主题、目的，或者是与主题相关的背景知识。背景介绍要简洁明了，避免冗长的叙述，以免让用户失去耐心。比如，介绍一下当前的流行趋势："今年入春以来，××款式的衣服一度成为潮流。"

（3）提出问题。短视频创作者要在开头部分提出一个问题，引导用户进行思考。比如，在评测几款折叠屏手机时，某些短视频创作者在做背景介绍时说："手机的未来形态是什么样的？"

再如，一种万金油的提问方式："那么，面对这个问题，我们该如何解决呢？"这样的问题或悬念能够引导用户继续观看短视频，以期从中寻找答案。

②　主体：深入剖析，传递信息

短视频的中间部分，是视频的主要内容，需要向用户传递有用的信息。该部分内容要确保逻辑清晰和条理分明，按照顺序和逻辑来组织，让用户能够轻松理解我们的观点或解决方案。此外，短视频创作者还可以通过添加一些视觉元素或动画来增强主体部分的吸引力。

（1）内容罗列。最简单、实用的方法，就是把内容一条条罗列出来，搭配画面进行展示。比如，在介绍一款产品的时候，依次列出亮点1、亮点2、亮点3……产品种类不宜介绍太多，亮点也不要说太多，以免用户觉得烦琐或记不住。

（2）提供解决方法。如果在开头提出了疑问，短视频创作者此时就应该把解决方法说出来，即针对用户的痛点和困惑，我们准备怎样帮助他们。为了增强说服力，我们可以展示一些相关的案例或数据，让用户更加信服我们的观点或解决方案。

③ 结尾：视频总结，升华主题

结尾部分通常包括以下三个要素。

（1）引导互动。结尾部分，通常可以设置引导互动的话术，吸引用户点赞、评论、下单。比如："亲爱的朋友，到这里我们的分享就接近尾声了。你如果有不一样的见解或想分享你的故事，欢迎在评论区留言。"

（2）给出结论。在结尾部分给出一个明确的结论、答案或解决方案，让用户在观看结束后有一种恍然大悟之感或满足感。比如："所以说呀，靠山山倒，靠树树跑，唯有依靠自己，才是最可靠的。"

（3）传递价值观。传递价值观永远是最高端的打法，最容易引起人们的共鸣。与单纯介绍产品相比，传递价值观更能激发人们的共鸣，让产品或服务不仅仅是物质的存在，更成为某种信念或生活态度的象征。比如："我始终相信，只有这种追求极致的态度，才能让我们拥有美好的生活。"

【案例回放】"假的发布会"

华为每年发布新品的时候，都会受到众多数码爱好者的关注。很多数码类短视频创作者也选择在此时发布短视频，向用户介绍新款产品的功能，以及新品发布会的亮点。有趣的是，某位短视频创作者在厂商开发布会之前，利用以前的视频片段，拼接制作了一条短视频，模仿发布会上可能出现的场景。该博主还贴心地为视频取了一个名字——"假的发布会"。

在其中一条模仿华为 mate 70 手机的发布会中，该短视频创作者在开头文案中写道："本片为发布会预演视频，并非真实发布会现场，请勿混淆。"随后，短视频创作者按照自己的想象，模拟了新机发布会的各个环节，包括新机外观、配置、价格等亮点介绍。它虽然是模仿的视频，但是喜剧效果很好。

吸引用户下单的带货文案

如今，虽然借助短视频带货十分普遍，但此类广告视频的缺点很明显，因为很多用户一看到广告就会立刻滑走。因为这部分用户通常是对广告里的产品完全没有需求，所以短视频创作者是很难打动他们的。

还有一些用户会停下来先观看几秒，然后再滑走。至于那些能够完整看完短视频的用户，人数就更少了。我们要做的，就是把文案写得精彩一点，然后把这两类用户留下。

① 直击痛点

带货文案的开篇必须简洁，直击用户的痛点，毕竟有需求才会有成交。比如，推荐一款护肤品时，短视频的带货文案可以这样说："您还为夏天皮肤干燥而烦恼吗？"这样的开篇不仅明确了产品的功效，还直接点出了目标用户的痛点，让用户立刻产生代入感，想继续了解下去。

2 介绍产品功能的独特之处

既然带货短视频是介绍产品的，那么它就应该尽可能地把产品卖点讲清楚，这是对用户最大的诚意。

卖点有很多，如产品有什么不一样的地方，是否值得用户去看。比如，介绍一款智能扫地机器人时，它不一样的地方可能是"自动越过障碍物，一体式高温喷淋，全自动清洁，无须人工干预，彻底解放双手"，带货短视频只有通过具体的功能描述，才能让用户清晰地认识到产品能为他们解决的实际问题。

3 优质材料

一些产品对于材料要求较高，以围巾为例，纯羊毛的材质较好，而聚酯纤维的材料较差，因此带货文案要扬长避短。

4 新颖的设计

设计新颖的产品，容易吸引用户的眼球。比如，介绍一款笔记本电脑桌时，带货文案可以从"可折叠设计，轻巧便携，随意调节高度，外观简约时尚"等方面进行。

5 从场景入手

把产品的使用场景呈现出来，使用户看到自己拥有这款产品以后，能给生活带来什么样的变化。比如，推销一款烧烤架时，我们就可以设计这样的脚本文案："阳光明媚的周末，约上三五好友，在风景宜人的郊外，烧烤架上的食物滋滋冒油，大家欢声笑语。"这样可以让用户在脑海中形成清晰的使用场景，增强他们对产品的向往之情。

⑥ 唤起情感记忆

利用人们以往的记忆，从情感层面入手，打动用户。比如，某传统零食文案："还记得小时候和小伙伴们一起分享的零食吗？"或者，"国货老品牌，完成完美逆袭……"借助用户对童年的情感记忆，增加短视频的吸引力。

⑦ 附加促销文案

如果产品有促销政策，如折扣、补贴、赠品等，那么我们一定要加在文案中。比如，"原价××元，现在只需××元，立减××元！而且前××名下单的朋友，我们还会额外赠送价值××元的神秘小礼物一份！"

⑧ 借助明星代言

明星代言的威力是巨大的，试想一下，当短视频中出现一位流量很大的明星为某个产品站台时，其影响力是不容小觑的。比如，"用户一致好评，就连××（明星姓名）都在用的产品。"

⑨ 引导下单的话术

在短视频广告的结尾，我们可以加上引导下单的话术。比如，"现在下单，立享优惠价，错过可就没机会啦！""数量有限，先到先得，赶快行动起来吧！"

【案例回放】一款扫地机器人的带货文案

某品牌为自己的扫地机器人发了一条带货短视频，它的文案十分简洁，但信息量很大，值得我们借鉴。

其文案内容为：“再不趁着预售时买，×家扫地机器人××××，就没有限量半价和免费送××除螨仪的活动了。创新的双机械臂边刷，遇到转角、墙边、柜子底的灰尘都能深入清扫。每个角落都洁净如新，升级的机械臂拖布能把墙边、转角的脏污贴边都擦净，不用动手拖地，简直省时、省力、省心，双机械臂经过 50 万次高强度测试，依然伸缩自如，经久耐用，主刷与边刷都有防缠绕功能，轻松应对各种复杂垃圾。好用这词我都要说累了，这次大家一定要码住了。”

高质量的品牌宣传文案

品牌宣传文案，其本质上也是一种广告。只是，与那些直接宣传企业和产品的文案相比，品牌宣传文案显得更具亲和力，因此其被称为“软广”。

1 品牌故事

要想撰写品牌故事，就要从品牌的核心理念入手。这是整个故事的灵魂所在，也是我们希望传递给用户的核心信息。比如，我们的品牌是否注重环保，是否倡导健康生活方式，或者是否致力于创新和技术突破。

确定了核心理念之后，我们要根据这些理念去创作故事，最后拍成短视频。这些故事可以是真实的，也可以是虚构的。

2 领导人的故事

我们还可以从品牌的发展历程中去提取文案，如创始人的人生经历，创建公司时遇到的困难，以及他是如何渡过难关的。这些经历使得品牌具有性格和气质，就像一个活着的生命一样，它能够让用户感受到品牌的温度，从而对其产生好感。

在撰写领导人故事的过程中，我们应当注重细节，把当时发生过的场景、对话和决策，详细地拍出来。比如，我们可以描述领导人在面对困难时的坚定和果敢，或者他在团队中的亲和力和感召力。

此外，我们还可以借助一些小故事或者趣闻来丰富人物形象。这些故事不需要太过复杂，但一定要真实、有趣，以引起用户的共鸣。

❸ 员工的故事

除了领导人的故事之外，员工的故事也可以拍。员工作为基层，他们的故事也会引起用户的好奇心。用户想要知道，员工进入公司以后，每天在处理什么工作，饮食和睡眠如何，与管理层的相处是否融洽。

如果员工进入某家公司以后，生活变得更好，并且与公司共同前行，那么用户就会认为，它的确是一家好公司。

❹ 用户的故事

从用户的角度入手，能够更直观地展现品牌的社会价值。比如，一位阿姨正在家里做饭，厨房水管突然爆裂，水流四溅，而她对此束手无策。这时，她想起某个家政服务公司的广告，于是拨打了电话。很快，维修人员带着工具赶了过来，帮助阿姨解决了困难。

综合上述内容，我们会发现，品牌宣传文案的取材范围很广，从品牌的发展历程，到品牌的工作人员，再到用户的使用体验，对品牌做了一次全方位的展示。这样做的目的，就是让用户对品牌更了解，就像两个普通人，越了解彼此，越容易成为好朋友。

【案例回放】苹果公司与"大地之母"

2023 年 9 月，在苹果公司的总部大楼 Apple Park 的新品发布会上，苹果公司拍摄了一条短视频，以一种前所未有的方式，向人们宣扬他们的环保理念。

发布会一开始，灯光渐暗，气氛变得紧张。苹果公司的 CEO 蒂姆·库克与几位员工坐在会议室里，等着"自然之母"的到来。随后，由一位好莱坞女演员饰演的"自然之母"走了进来，她就环保向库克提出了一个又一个尖锐的问题。库克从原材料使用、物流运输及产品制造等方面，详细讲述了苹果公司的环保计划，并且做出承诺：到 2030 年实现供应链和产品 100% 碳中和。

这次发布会别出心裁，在介绍产品之余，还介绍环保理念，并且采用戏剧的方式将其演绎出来，使用户能够更加直观地理解。毫无疑问，这是一次高质量的品牌宣传会。

微短剧脚本的写作要点

近两年，微短剧成为一种很火的娱乐方式。打开短视频 App，短短几分钟，就能看完一集完整而精彩的故事，很容易令人入迷。因此，我们在拍摄短视频的时候，也可以借鉴这种方式。

微短剧的剧本，依然遵循传统的剧本模式，讲究"虎头、豹尾、猪肚子"。有惊艳的开头，有跌宕起伏的过程，还有精彩的结尾。我们的剧本满足这三点时，通常都不会差。

① 开头：迅速留下用户

由于微短剧的时长比较短，内容十分浓缩，在开头部分就要给出很多关键信息，让用户一眼就能看到主角，以及主角遇到的困境。也就是说，一开场就表现得非常特别。

比如，一些短剧借用了网文穿越故事的写法。"一睁眼，我穿越了，一个凶神恶煞，手拿大砍刀的人正对着我怒目而视，似乎下一秒就要将我劈成两半。我惊恐地瞪大了眼睛，心脏狂跳不止，身体本能地往后缩。"

再如，在开头设置一个正反派对立的场景："喧闹的法庭上，原告和被告怒目而视，双方的律师也剑拔弩张。法官重重地敲响法槌：'肃静！现在开始宣判。'被告突然情绪失控，站起来大喊：'这是污蔑，我是被冤枉的！'而原告则冷笑：'证据确凿，你别想狡辩！'就在混乱之际，被告的律师收到了一个神秘的纸条，看完后脸色大变……"

② 主体：跌宕起伏的情节

微短剧的剧情一定不要平淡，而要情节紧凑且富有张力，人物形象特色鲜明。比如，一个勇敢但鲁莽的探险家："老胡总是戴着那顶破旧的牛仔帽，眼神中透着对未知的渴望。他不顾队友的劝阻，执意要踏入那片神秘的雨林深处，据说那里隐藏着无数的危险和宝藏。"

在情节设计上，微短剧的剧情一定要有转折，毕竟有转折才会有波澜，有波澜才会有看点。比如，一个贫穷的小子，一出场就被人看不起，受尽欺负。正当他绝望准备放弃时，他偶然间救了一位富商。富商被他的善良和才华打动，决定用心栽培他，还使他小有名气。但随着名气而来的，是全新的挑战……

③ 结尾：留下深刻的印象

结尾部分在很大程度上会决定用户对整个剧集的最终感受，所以结尾至关重要。

最常用的结尾手法是大圆满结尾。比如，在一部爱情微短剧里，如果男女主角一直面临家庭反对的困境，那么结尾可以是双方家庭经过一系列事件后被他们的爱情感动，最终同意他们在一起，男女主角幸福相拥，举行婚礼等场景，让用户明确知晓主角的爱情走向得到了圆满结局，给大众一种情感上的满足感。

此外，我们也可以不走寻常路，设置一个意外的结局。比如，一直追查凶手的警察，最后发现真凶竟然是带自己入行的师傅……这种意外的反转会让用户惊叹不已，并且使用户在故事结束后会反复回味。

或者，结尾不给出明确的答案，而是留下一个悬念式结尾。比如，克里斯托弗·诺兰拍摄的影片《盗梦空间》，最后一个镜头是陀螺在旋转，但是直到最后也没有停下来，令无数影迷讨论不休。

【案例回放】短剧《家里家外》为何 3 天观看量破 10 亿次

《家里家外》是 2025 年上半年的一部爆款微短剧，上线 3 天观看量破 10 亿次，观众纷纷表示质感不输长剧集，更有用户用"接连追完 79 集仍意犹未尽"来形容自己的观看体验。

在快节奏时代，观众对"无脑爽剧"的审美疲劳已达临界点。《家里家外》反其道而行，以重组家庭的烟火日常为切口，同时让方言与场景深度融合，使得《家里家外》成为"川渝文化说明书"，这让川渝观众倍感亲切，更让外地观众对这片土地产生向往。

就在 2024 年末，国家广电总局提出了微短剧需从"表达情绪"升级到"表达情怀"，强调精品化是行业未来。《家里家外》恰好踩准了这个点，其创作团队以地域文化和生活质感为抓手，将其打磨成了短剧从"情绪快餐"向"情感正餐"转型的美学标杆。

为直播预热的短视频文案

在直播前后，一些主播会发布短视频进行预热或总结。这是因为短视频的内容更简洁、高效，是一种十分精准的流量，能够在短时间内吸引用户的注意力，并将其引至直播间，从而增加直播的曝光度。而且，短视频的成本更低，可以迅速复制，之后分发到不同的平台，这一点是直播难以做到的。

那么，如何创作为直播间引流的短视频文案呢？

1 折扣优惠型文案

要想创作短视频文案，为直播间引流，通常最直接的方法，就是把直播带货的各种优惠，借助短视频播放出来。我们知道很多直播间的特色就是拼价格战，给观众超低折扣、专属福利等，这些优惠是很容易吸引用户的。其文案内容如表 4-1 所示。

表 4-1　折扣优惠型文案

优惠类型创意	具体文案
折扣	×× 直播间大狂欢！全场商品低至 × 折起，省钱囤货就趁现在，赶紧点击进入直播间
低价	连续 7 天，抢直播专属福利！×× 商品直降 ×× 元，我们直播间不见不散
抽奖福利	×× 直播间送福利啦，每 10 分钟就有一轮抽奖，奖品丰厚到超乎想象！手机、平板，抽到手软
礼品福利	下单还有精美赠品相送！数量有限，先到先得

2 激发好奇感的文案

激发好奇感的文案有很多，比如，在短视频里卖个关子，让用户产生期待感。其文案内容如表 4-2 所示。

表 4-2　激发好奇感的文案

激发好奇感创意	具体文案
神秘嘉宾	今晚直播间空降神秘嘉宾，Ta 的身份绝对会让你惊掉下巴！锁定 ×× 直播间，今晚 ×× 点，为您揭晓答案
制造反差	便宜没好货？贵的东西就好用？错！来我直播间，带你见识那些平价却超好用的宝藏产品

（续表）

激发好奇感创意	具体文案
卖关子	一件神奇宝物，能够轻松消除难看的污渍，生活中最实用的宝物，你却忽略了它！来直播间，亲自为你展示它的奇妙之处

3 情感共鸣型文案

情感共鸣型文案，指的是从日常生活中入手，讲述那些容易引起用户共鸣的事情。其文案内容如表 4-3 所示。

表 4-3 情感共鸣型文案

情感共鸣型创意	具体文案
以情动人	远离社交，躲避虚伪的圈子，真的很难吗？今晚 7 点，×× 大咖为您解答
故事分享	曾经我也遇到了 ×× 困难，后来无意间找到了一个改变命运的方法，我想把我的经历和这个方法分享给正在困境中的你
需求打动	工作压力大，提不起精神？×× 直播间，跟主播一起唤醒身体

4 热点话题型文案

热点话题型文案，指的是讲述当前的热点事件或人物，以达到蹭热点的效果。其文案内容如表 4-4 所示。

表 4-4 热点话题型文案

热点话题型创意	具体文案
热点事件	最近，×× 事件十分火爆，你知道它背后隐藏着怎样的玄机吗？×× 直播间，我们一起深入探讨
热点人物	这两天最火的明星，肯定是 ××，我们有幸邀请他来做客 ×× 直播间
热点话题	#时尚美食 #美食探店 今晚直播间，我们邀请了几位大厨，为我们现场教学

【案例回放】头部带货主播的短视频文案

2024 年 11 月 9 日，抖音平台的某位头部带货主播发布了一条短视频，为直播间的"双 11"活动做预热。

在短视频中，该主播站在镜头前，其身后有许多工作人员摇旗呐喊，场面十分热闹。

主播对着镜头发问："你问我这个'双 11'抽中福利的概率有多大？抽中手机的概率有多大？我直接用数据说话。30 万单 1 分钱的香薰礼盒……"

（工作人员背景音）"不停发……"

主播："30 万单 1 分钱的品质豪礼……"

（工作人员背景音）"不停发……"

主播："新款 iPhone16……"

（工作人员背景音）"不停发……"

主播："全场福利，不断加码，更有神秘惊喜。这个'双 11'……"

（工作人员背景音）"千万福利，只为你！"

第5章

拍摄与剪辑，让画面充满故事感

作为短视频初学者，我们可能接触了各类短视频的拍摄：采访、会议、微电影、校园景色……但是，与制作精良的短视频相比，我们的视频还差得远。其中一个原因是缺少短视频拍摄技巧。掌握基础的拍摄技巧是很重要的，如掌握构图的艺术、运镜的方法、剪辑的思路等，从而可以传达我们想表达的情感和信息。

拍摄短视频的常用设备

工欲善其事，必先利其器。短视频创作者在拍摄短视频前，要先了解一下常见的短视频拍摄设备，如图 5-1 所示。

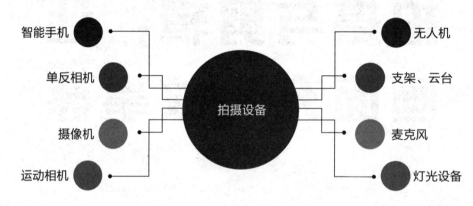

图 5-1　拍摄短视频常用的 8 种设备

1 智能手机

用智能手机拍摄短视频有很多优点，如机身轻便、方便携带；操作简单，即使无经验的新手也能很快学会。而且，很多短视频平台都内置了短视频拍摄、剪辑功能，大幅降低了短视频制作的门槛。对于大多数短视频创作者来说，拥有一部支持 4K 视频录制的手机就够了。

当然，手机拍摄短视频也有一些缺点。比如，摄像头清晰度不足，帧率较低，容易发热，对于复杂的场景很难胜任。再如，手机中的防抖功能稍差，甚至很多手机没有该功能，在拍摄画面时多有抖动。

② 单反相机

单反相机也是拍摄短视频常用的一种设备。与手机相比，单反相机的画质更好；与摄像机相比，单反相机更轻便。在价格方面，单反相机的价格并不比手机贵多少，但是相机的镜头较贵。

③ 摄像机

在拍摄电视节目时，人们经常会使用摄像机，这是因为摄像机的拍摄效果很出色。如果需要制作精良的短视频，或是组建一支较为专业的短视频团队时，就会用到摄像机。当然，摄像机的价格也更贵。

因为是更加专业的视频拍摄设备，所以与摄像机相配的配件不少，如摄影机电源、摄像机电缆（用来连接摄像机和录像机）、摄影灯、彩色监视器（用来保证拍摄画面的颜色）、三脚架（用来稳定拍摄设备）等。

④ 运动相机

对于户外运动或极限运动拍摄，运动相机是理想的选择。这类相机通常具备防水、抗震等功能，而且体积非常小巧。

⑤ 无人机

因为拍摄的需要，某些场景需要使用无人机航拍。比如，从高空俯拍一些广阔的场景，就需要用到无人机。

⑥ 麦克风

短视频拍摄过程中经常会用到一些辅助工具，麦克风就是其中之一。借助麦克风，我们可以提高短视频的音频质量。根据自己的拍摄需求，我们可以选择传统的麦克风，或者选择小巧的领夹麦克风。

⑦ 支架、云台

支架和云台的作用是固定手机或相机，防止抖动引发画面模糊。如果条件一般，我们可以只买一个手机支架，用于固定手机即可。云台可以固定相机，使用体验更好，价格也相对更高。

⑧ 灯光设备

在拍摄短视频时，为了取得更好的效果，我们有时需要使用补光灯。通常，灯光设备有环形补光灯、摄影灯、柔光球、反光板等。

【案例回放】一位旅行博主的拍摄设备

"带床去旅行"是一位旅行类短视频创作者，从2021年开始骑行，并且拍摄短视频。经过几年的努力，该短视频创作者在B站的账号已经达到百万粉丝，抖音账号的粉丝数量也接近百万。2021年，他用来拍摄短视频的设备主要是一台运动相机，拍完短视频以后，再用手机上的剪辑软件完成视频制作，最后发布到各平台上。

后来，随着拍摄经验的增长，他的设备也在逐渐增加，如手机支架、单反相机、自拍杆、旋转云台等。由此可见，要想成为头部短视频创作者，除了最关键的优质选题和视频内容，以及坚持不懈地输出内容之外，还需要有一定的拍摄设备和剪辑技巧。

实用的精美构图技巧

构图是拍摄短视频的必修课，它的作用是引导用户的注意力，这不仅关乎画面的美感与平衡，还是传达情感的重要手段。以下是七种常用的构图技巧。

1 中心构图法

所谓中心构图法，是指把我们想拍的主体，放在画面的正中心加以突出，使人们一眼就能看到（见图 5-2）。至于背景部分，我们可以进行虚化处理。这种构图方式的最大优点在于主体突出、明确，画面容易取得左右平衡的效果。

图 5-2　中心构图法

2 九宫格构图法

要想采用九宫格构图法，就要打开手机或相机的辅助线，屏幕上会自动出现一个九宫格（见图 5-3）。我们可以把拍摄的主体放在任意一个交叉点上，这样的构图位置会让画面看起来更加平衡和舒适，富有美感。

图 5-3 九宫格构图法

③ 三角形构图法

所谓三角形构图法，就是把拍摄的对象，按照三角形的方式进行排列，最终呈现出来的效果，就像是三角形一样（见图 5-4），稳定而富有力量感。

图 5-4 三角形构图法

4　对角线构图

所谓对角线构图，是指将主体或重要元素放置在画面的对角线上，可以打破画面的单调性，营造出一种运动的感觉（见图5-5）。这类构图最常用于拍摄运动中的物体。

图 5-5　对角线构图

5　曲线构图

曲线构图可以引导用户的视线在画面中流动，营造出优雅、流畅的视觉效果（见图5-6）。这种构图常用于表现自然风光、城市风光等具有曲线美的场景。

图 5-6　曲线构图

6 对称构图法

所谓对称构图法，指的是画面中的物体呈现出左右对称的效果，如建筑、桥梁（见图5-7）等。这种构图方法极易产生美感，且能营造出稳定、庄重、和谐的效果。

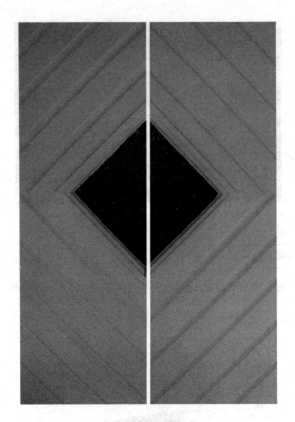

图5-7 对称构图法

7 前景构图法

所谓前景构图法，是指把拍摄的主体放在后方，前面摆放一些花草、树木等物体（见图5-8），从而增加画面的空间感和神秘感。

图 5-8　前景构图法

【案例回放】环广西自行车赛的拍摄构图

2024 年 10 月，经国际自行车联合会授权，环广西公路自行车世界巡回赛正式举行。有 13 支男子世巡赛车队、10 支女子世巡赛车队参与了这次比赛。

在环广西自行车比赛中，摄影团队贡献了许多绝美的镜头。在比赛起点、终点或者沿途的开阔路段，他们常常采用全景构图，将运动员及周围的风景一同纳入画面。参赛的选手在公路上疾行，自然而然地形成一条对角线，将画面分割开来。这种对角线构图，被摄影师多次使用，使得画面充满了运动的感觉，暗合了此次比赛的主题。

拍摄角度有多重要

拍摄角度在摄影中极其重要。不同的拍摄角度能够强调拍摄主体的不同特征，甚至可能完全改变人们对拍摄主体的印象。

❶ 平拍角度

大多数短视频创作者，都会选择平视角度，因为这种角度的拍摄难度较小，它呈现的画面效果和人们观察事物的视觉习惯比较接近，所以画面看起来更自然、真实。比如，在拍摄一场人物对话时，我们采用平视角度，可以使用户感觉自己就在现场一样。

当然，平拍角度有利就有弊，正是由于它很简单，所以容易显得单调。要想拍出好的作品，除了选择合适的拍摄对象和场景外，我们还要注意一些拍摄技巧。比如，背景的选择，应该恪守辅助衬托的职责，切忌太过花哨，否则会抢拍摄主体的风头。同时，光线的应用也非常重要，自然光能够凸显物品的真实颜色，是平拍角度中常用的光源。

❷ 仰拍角度

所谓，仰拍角度，是指镜头从下往上进行拍摄，这是一种极其有压迫感的视角。就像我们还是一个小孩子的时候，由于身高的差距，看大人的时候总是用仰视的角度。这种拍摄角度可以突出主体的力量感和重要性。比如，拍摄一位演讲者时，从台下较低的位置进行仰拍，会显得演讲者气势很足，在视觉上给人一种震撼的感觉。同时，仰拍角度还可以利用天空等背景元素，增加画面的开阔感和宏大感。

试想一下，短视频的画面一直处于平拍的角度，突然切换成仰拍角度，然后配上惊悚、紧张的音乐，会使得用户的心情也不由自主地紧张起来。

在拍摄宏伟的建筑时，摄影师通常也喜欢采用仰拍角度。因为仰拍角度可以突出建筑的高大、雄伟，增强画面的空间感和立体感，使人们仿佛置身于建筑之下，感受到其震撼人心的气势。

③ 俯拍角度

所谓俯拍角度，就是从上往下进行拍摄，跟仰拍角度相反。俯拍角度可以展示主体的全貌和所处的环境，使人们对场景有一个宏观的了解。比如，在拍摄一场运动会的时候，电视台的工作人员有时会从高空向下拍摄，让人们能够看到完整的现场。

俯拍角度，可以使人产生一种掌控一切的感觉。比如，在拍摄城市时，从高空向下进行俯拍，可以给人一种俯瞰众生的感觉。

④ 倾斜角度

所谓倾斜角度，是指镜头倾斜，使拍摄出来的画面都是斜的。这样的拍摄方式打破了常规的平衡构图，给人一种不稳定、不确定的感觉。比如，在拍摄追逐场景时，将摄像机倾斜一定的角度，可以增强画面的紧张感和速度感，使用户更加投入到内容中。

【案例回放】一只小猫的直播

在抖音平台上，一些特殊的短视频正在走红，它们的主体是宠物猫狗。主人为它们购买了运动相机，并将其固定在宠物身上，让宠物担任主播。想象一下，一只毛茸茸的小猫，脖子上挂着小巧的相机，在落叶间自由行走。小猫时而好奇地探索着周围的世界，时而停下脚步，留意附近的动静，时而与其他小猫互相问候。这一切，都被它脖子上的相机一一记录下来。

这种直播方式，有时竟能吸引上万用户关注。尽管画质不是那么清晰，但是用户看着直播，从小猫的视角重新探索世界，仿佛花草树木变得更高大了，一切都是那么新鲜、有趣。

运镜让画面动起来

在拍摄短视频时，定格镜头是最简单的，即将相机固定在支架上，设置好拍摄的角度，然后进行拍摄即可。但是，长期使用固定镜头，会使画面显得呆板，为此我们需要学习一些运镜技巧，使画面动起来。

1 推镜头

操作方法：镜头向物体靠近。拍摄者可以改变镜头的焦距，来拉近画面，也可以是移动相机靠近物体。

效　果：推镜头能够引导用户的注意力，突出细节。比如，在拍摄人物的时候，拍摄者先拍全身，然后逐渐聚焦到面部，让用户更清晰地看到人物的表情和情绪变化。

②（ 拉镜头 ）

操作方法：与推镜头相反，镜头逐渐远离物体。

效　　果：拉镜头可以展示主体与周围环境的关系。比如，在短视频结尾的时候，拍摄者可以先拍主角的面部特写，再拉远镜头，展现主角所处的环境，最后使主角逐渐从画面中消失，给人一种故事告一段落的感觉。

③（ 摇镜头 ）

操作方法：将相机固定在一个点上，然后左右、上下方向地转动拍摄。

效　　果：摇镜头可以用于展示广阔的场景或一连串的物体。比如，在拍摄自然风光时，从左到右摇镜头可以展示连绵的山脉、蜿蜒的河流等。摇镜头还能用于跟随移动的主体，如在体育比赛中镜头跟随运动员的奔跑方向摇动，使观众的视线一直聚焦在运动员身上。

④（ 移镜头 ）

操作方法：和摇镜头相反，移镜头需要拿着相机，沿着一定的路径不断移动，通常需要使用轨道、稳定器的平移功能等。

效　　果：移镜头能够给用户一种身临其境的感觉，仿佛自己在场景中移动。比如，在拍摄旅游 Vlog 时，我们可以跟着人物移动，让用户感觉自己像是在街道漫步一样。

⑤（ 环绕镜头 ）

操作方法：围绕物体转圈，360° 地进行拍摄。

效　　果：全方位地展示主体，给用户留下深刻的印象。比如，在拍摄一辆汽车的时候，我们的镜头围着汽车转一圈，让用户能够看到各种细节。

【案例回放】《绝命毒师》的运镜技巧

《绝命毒师》是一部网络评分很高的美剧，在运镜方面非常出色。在第五季的大结局中，主角沃尔特·怀特中枪之后，来到往日的工作场所，一句台词也没有，摄影师只用几个镜头就完成了气氛的烘托。

首先，摄影师用特写镜头，拍摄主角沃尔特·怀特倒地的情景。然后，画面聚焦在他沧桑的脸上。接着，摄影师将镜头缓慢向上摇起，逐渐将周围的环境都拍进画面中。最后，几个警察走入画面中，而此时的沃尔特·怀特已经失去气息，表明他的人生至此彻底终结，以及剧集的完美收官。

转场让视频更流畅

转场，就是场景转换。在短视频拍摄中，转场起着至关重要的作用，它能够使短视频的内容更加流畅、自然，提升用户的观看体验。下面介绍六种常用的转场方式。

① 直接转场

操作方法：直接转场是最简单、最直接的转场方式，就是在两个镜头之间直接进行剪辑，不添加过渡效果。比如，从一个人物的近景镜头直接切换到下一个场景中的全景镜头。

效　果：直接转场显得干脆利落，因此适合节奏快、风格简洁的短视频。比如，在新闻资讯类短视频中，从一个新闻事件现场的画面，直接切换到另一个现场画面，中间就不需要添加转场效果，显得比较正式。

② 遮挡转场

操作方法： 遮挡转场也很简单，共分为两步。第一步，将镜头向前推，直到被物体挡住。第二步，先拍被物体遮挡的画面，再将镜头拉出，切换到下一个场景。

效　　果： 遮挡转场能够营造出一种舒缓、柔和的氛围。比如，在一个文艺气息浓厚的短视频中，用慢慢合上的书本作为遮挡物，这样可以让用户有足够的时间来感受场景的变化，适用于情感类、故事叙述类的短视频。

③ 旋转转场

操作方法： 前一个画面以旋转的方式逐渐消失，后一个画面以旋转的方式逐渐出现，这就是旋转转场。在剪辑软件中，短视频拍摄者可以通过关键帧动画来设置画面的旋转角度、旋转中心和旋转速度等参数。

效　　果： 旋转转场的方式富有动感和创意，适用于风格活泼、充满活力的短视频。比如，在音乐短视频中，从一个舞蹈动作旋转转场到下一个舞蹈动作；在创意广告短视频中，从一个产品的正面旋转转场到产品的背面，能够增加视频的趣味性和吸引力。

④ 两极镜头转场

操作方法： 前后两个镜头呈现两极化，如前一个画面是特写，后一个画面变成全景。

效　　果： 两极镜头转场是一种很有表现力的方法，因为远景和特写差异巨大。远景镜头能够展示广阔的场景，给观众一种宏观的视野；而特写镜头则聚焦于细节，让用户的注意力集中在细微之处。这种从宏观到微观，或者从微观到宏观的巨大反差，能够在转场时创造出强烈的视觉冲击和节奏感。

⑤ 声音转场

操作方法：通过音乐、音响、解说词、对白等，引导场景的转换。

效　　果：声音转场可以让过渡更加自然且富有创意。比如，前一个场景是安静的办公室，主角正在工作，突然开始怀念之前和朋友参加音乐会的场景。此时，先让音乐会吵闹的声音响起，隔几秒后再切换到音乐会的画面。这样，观众在听到声音变化时，会在心理上对即将出现的新场景有所准备。

⑥ 空镜头转场

操作方法：通过拍摄空镜头，完成转场效果。

效　　果：空镜头通常具有象征意义，可以升华短视频的主题。比如，在一个关于成长的短视频中，多次出现飞翔的鸟儿空镜头，其中，鸟儿象征着自由和成长。这些空镜头的拍摄，能够让用户更深刻地理解创作者想传达的想法。常见的空镜头还有天空和云彩、山川河流、花草、树木、建筑、无人的街道、停靠在站台的列车等。

【案例回放】《哈利·波特》的转场技巧

电影《哈利·波特》中有许多魔法场景。因此，导演在拍摄时，巧妙地将许多魔法场景作为转场的工具。

比如，在影片中，主角可以通过魔法壁炉快速传送到其他地方。主角先站在壁炉里，接着往壁炉中撒入魔法粉末，接着粉末燃烧起来，冒出绿色的火焰，同时主角大声说出目的地，如"对角巷"，下一个镜头就切换到主角在对角巷的画面。

视频剪辑四步走

短视频创作者在拍摄时，仅有灵感还不够，还要有清晰的剪辑思路。剪辑是一种艺术创造的过程，通过调整顺序、控制视频节奏等方法，创作者将原本零零散散的素材，做成一个连贯的故事。

1 梳理故事线

拍短视频，其本质就是讲故事，因此，我们首先要做的就是梳理一条完整的故事线。也就是说，先讲什么，后讲什么，中间怎么过渡，这是非常重要的。

短视频如果是有情节的短视频，如微电影或故事性广告，要先梳理清晰的故事脉络，如开头如何吸引用户的注意力，中间如何展开情节、制造冲突与高潮，最后如何结尾，并且给用户留下深刻的印象。

比如，我们如果想拍一个爱情类的短视频故事，就可以把时间线放在当下，男女主角意外相遇，彼此感到错愕，眼神中流露出浓浓的情意；中间穿插闪回，讲述两人多年以前的幸福时光，又遇到了什么样的困难，导致两人感情破裂；最后回到现实，男女主角擦肩而过，脸上没有起任何波澜，但是用户明白，他们心中其实充满了复杂的情感。很显然，这是一个关于遗憾的故事，能够引起很多用户的共鸣。

② 写出分镜头脚本

确定故事线以后，接下来要做的就是把故事细化到具体的镜头，写出分镜头脚本。它包括每个镜头的序号、时长、画面内容、台词或旁白、音乐音效等信息。这样有助于在剪辑过程中保持清晰的思路，避免遗漏重要元素，同时也方便团队成员之间的沟通与协作。

比如，在一个产品宣传的视频中，我们可以写出这样的脚本。

> 镜头1：时长0：00—0：05，画面为产品全景在光线下的展示，配音"今天为您带来一款全新的智能产品"，音乐类型为舒缓类等。

③ 粗剪阶段

根据故事线和脚本，我们可以从拍摄好的短视频素材中筛选出可用的片段，并将它们放在剪辑软件的时间轴上。这一步要做的就是简单地填充视频，做出视频的大框架，不用太关注细节。

比如，在做一条旅游短视频时，我们可以按照时间线梳理出视频的大框架。8：00，起床、洗漱剪影；9：00，出行、赶路的片段；10：00，到达景区，展示景区的远景；12：00—16：00，进入景区，各个景点的近景和特写；16：00—18：00，拍摄黄昏时的景色，以及自己的感受。这样，就形成了一个初步的短视频雏形，让整个短视频的内容流程初步呈现出来。

在粗剪阶段，要注意短视频的节奏。快节奏的短视频，可以多剪一些快速切换的镜头；慢节奏的短视频，可以多剪一些长镜头。

④ 细化调整阶段

粗剪之后的短视频，还只是一个半成品，接下来还要进行细致的剪辑。首先，我们要找到重点片段，将那些最有表现力、情感最丰富的镜头作为关键节点，使其串联起整个短视频。比如，在剪辑一条与人物有关的短视频时，主角情绪激动、双眼含泪的特写，或是获得成就时的满足感等，都属于情感非常丰富的画面，我们应将其筛选出来，放置在短视频中合适的位置，使用户的情绪能够被充分地调动起来。

同时，细化调整阶段还需要设置过渡效果，如淡入、淡出、旋转、滑动等。此外，我们还要调整画面的色彩、亮度、对比度、音乐等参数，使它们协调一致。

【案例回放】一条美食视频的分镜头脚本

表 5-1 展示的是一位美食博主的短视频分析。根据他的短视频，我们可以大致写出一张分镜头脚本。

表 5-1　分镜头脚本示例

镜号	景别	画面内容	台词	音效	时间（秒）
01	全景	厨房，短视频创作者站在画面中央	欢迎来到 ×× 美味，我们要做一道意大利面	无	5
02	中景	创作者拿起一把意大利面	首先，准备适量的意大利面，我这个是超市里买的，大概这么多，够一个人的分量了	意大利面和袋子的摩擦声	3
03	特写	将意大利面抽出，放入煮沸的锅中	水开后放入少许盐，先把面条煮熟，然后准备调料	煮沸的声音	3

（续表）

镜号	景别	画面内容	台词	音效	时间（s）
04	中景加特写	准备番茄、洋葱、大蒜、火腿、青椒等，洗净切好	番茄、洋葱、大蒜、火腿、青椒洗净、切好备用	洗菜、切菜声	5
05	特写	另起锅倒油，放入蒜末炒香	另起锅并倒油烧热，放入蒜末炒香	翻炒声	3
06	中景	加入洋葱翻炒	加入洋葱翻炒	翻炒声	2
07	中景	倒入番茄、火腿翻炒	倒入番茄、火腿翻炒，炒到番茄变成糊状	翻炒声	2
08	特写	熬制番茄酱，加入黑胡椒、盐	出汤后加入黑胡椒、盐，不停搅拌，大火将汤收干成酱	翻炒声、咕噜声	6
09	中景	捞出煮好的意大利面放入酱汁中	捞出煮好的意大利面放入酱汁中，搅拌面条让它裹满酱汁	翻炒声	5
10	特写	将意大利面装盘	最后，起锅装盘，一道美味的意大利面就做好了，看着非常有食欲	装盘声	5

一目了然的短视频封面图

短视频的封面设计也十分重要，它决定了用户对短视频的第一印象，会直接影响短视频的播放量。

1 短视频封面的设计原则

（1）主题明确，一目了然。封面应当简洁、清晰，让用户一看到封面就知道短视频的内容是什么。比如，你的短视频如果是关于美食制作的，那么封面就应该跟美食有关；如果是旅行类的 Vlog，封面中就可以截取沿途的风景，或者有代表性的地标建筑。这样，用户在浏览封面时，一眼就能知道作者拍摄的是什么内容。

（2）封面要有鲜明的个人风格。除了显示短视频的内容之外，封面也应该跟我们的短视频风格相契合。这样可以让用户看了以后，认为这样的封面确实是我们的风格。比如，对于时政类短视频，我们在设计封面的时候应该正式一点；对于美景类短视频，我们设计的封面应该唯美一点；对于探店类的短视频，我们的封面应该设计得新潮、显眼一点……

（3）活用色彩和字体。色彩和字体是不可或缺的封面元素，合理应用它们能够提升封面的视觉效果，激发用户的情感共鸣。关于色彩和字体，总的原则是简洁、显眼，避免过于花哨或难以辨认。

② 几种常见的封面做法

（1）文字标题式封面。这类封面往往是把文字放大，占据画面中心，同时截取短视频中的某个画面作为背景和陪衬，如图 5-9 所示。文字可以是作品的标题或结论，也可以是产品的名字。这类封面使人一眼就能看到作品的中心思想，非常直接地表达短视频的主要内容，而且适用性很广，游戏、娱乐、知识类的短视频都可以使用这样的设计。

图 5-9 文字标题式封面

（2）画面截图式封面。它是把短视频的截图当作封面，如图 5-10 所示，然后在封面上写上作品的标题，可以让用户对作品进行预览。你的短视频中如果有独特的场景，或者画面比较美丽，就可以使用这种方法。这种方法比较简单，省时省力，也能传递很多信息。比如，很多美食类、旅游类、摄影类的短视频创作等，就很适用这种方法。

图 5-10 画面截图式封面

（3）产品图片式封面。使用产品的图片作为封面，也可以使用户看到该短视频的主要内容，如图 5-11 所示。这类封面适合产品种类较多的账号，如数码测评类、美妆测评类等。

图 5-11　产品图片式封面

（4）人物特写式封面。使用人物面部特写作为封面（见图 5-12），能直接传达人物情绪，如惊讶、开心、专注等，可以迅速抓住用户的注意力，引发好奇心。

图 5-12　人物特写式封面

【案例回放】一位科技博主的视频封面

"李大锤同学"是一位知名科技UP主，他的视频内容丰富且有趣，主要涉及手机数码和汽车领域。

他的视频封面设计，风格非常统一，大多采用"产品主图＋产品名称＋视频主题"的模式。色彩方面，多采用鲜明且具有科技感的蓝色、银色等，营造出专业、高端、科技的氛围。同时，封面上的主体元素突出，无论是测评的手机、电脑等数码产品，还是UP主本人的形象，都被清晰地展示在封面上，与产品主图的搭配看起来十分和谐。

添加音乐让短视频更丰富

每个人都有不同的喜好，因此给短视频配乐这一环节存在很大的主观性，但也有一些基本的原则可以遵循。我们只要把握添加背景音乐的一些要素，就能增强短视频画面传递的情感，从而满足用户视听上的享受。那么，我们该怎样做才能使背景音乐既有代入感又不落俗套呢？

1 选择与用户兴趣匹配的音乐

什么样的音乐才符合短视频内容呢？我们知道，背景音乐起辅助作用，是为了突出短视频内容的，所以我们在选择配乐的时候，要看它是否跟短视频搭配。比如，针对青少年群体的短视频，我们可以选择当下热门的流行歌曲，以及那些节奏感强的音乐，才更容易引起他们的共鸣；而面向中老年群体的生活分享类短视频，我们可以选择经典老歌或者舒缓的民族音乐，往往更符合他们的审美，能使他们更有代入感。

那么，我们该如何确定用户感兴趣的音乐呢？这在很大程度上要靠我们丰富的经验。我们如果没有这方面的经验，平时也很少听音乐，该怎么办呢？这时，我们可以通过音乐软件，如 QQ 音乐、网易云音乐等，寻找有特色的歌单。比如，在网易云音乐中搜索"少年意气"（见图 5-13），就会出现许多相关的歌单。

图 5-13　网易云音乐歌单

当然，我们也可以通过平台的热度榜单，看看那些爆火的短视频里分别用的是什么音乐。

② 音乐要符合情感和节奏

什么样的音乐，就配什么样的短视频。在为短视频配乐之前，我们首先要弄清楚短视频的情感基调是什么。也就是说，我们拍的是搞笑视频，还是有泪点的感人视频，抑或轻松的美食视频。只有先把这些搞清楚了，我们才能根据短视频的内容配乐。

比如，如果是无厘头搞笑风格的短视频，我们可以来一首《甩葱歌》；如果是有泪点的煽情类的短视频，我们不妨来一首《天亮了》，这首歌背后有着令人动容的真实故事，旋律悲伤动人；如果是美食类、舒缓解压风的短视频，我们可以来一首《菊次郎的夏天》，其清新明快的旋律，可以使人感到舒适放松；如果是少数民族或域外风情的短视频，我们可以使用具有当地特色的曲子，如《月光下的凤尾竹》、*Tunak Tunak Tun* 等。

③ 注意侵权问题

很多短视频创作者虽然知道文字、图片和视频有版权问题，但忽略了音乐同样存在版权问题。目前，普通用户在引用音乐的时候，大多不会被起诉，因为他们大多是自娱自乐，不会产生经济效益。然而，如果是公司拍摄短视频广告，引用音乐时就必须购买版权，否则容易遭到起诉。

我们该如何避免音乐版权的法律纠纷呢？我们如果是靠短视频盈利的，那么最好重视这个问题。我们可以使用抖音、快手、小红书等平台提供的音乐库，这些平台提供了大量的免费和付费音乐库，为用户提供安全、合法的音乐资源。对于付费音乐，平台通常会明确标识，我们付费购买之后，在规定的范围内使用，就能确保短视频的音乐合法合规。

我们也可以在商用音乐版权平台，如曲多多、听晓网、Playlist、MORP数字音乐版权注册平台等，付费购买音乐版权。购买时，我们需仔细确认所购音乐的使用权限，包括是否可用于商业用途、使用期限、使用平台等具体要求，确保在授权范围内使用。

【案例回放】使用音乐导致侵权的案例

2024 年，某公司拍摄了一条短视频，宣传自家艾灸产品，短视频中使用了一首未经授权的背景音乐，结果被版权方起诉。最终法院判定该公司侵权，经过调解，该公司只好赔偿损失。

除了短视频以外，在直播间播放未经授权的音乐，也有可能侵权。某直播公司曾因为使用未经授权的歌曲，被版权方告上法庭。版权方认为，被告公司多次侵权，属于恶意侵权，因此请求法院判被告公司删除全部侵权短视频，按照每次 2000 元的标准进行赔偿，并且承担原告律师费。最终，法院判处被告公司赔偿部分经济损失及律师费。

第6章

账号运营，实现
流量持续增长

账号流量的持续增长，并非一朝一夕之功。账号的冷启动期是打好基础的关键阶段，给账号贴标签有助于精准引流，品牌账号矩阵能扩大品牌影响力和覆盖面，裂变营销则是实现流量爆发式增长的有力手段。综合运用好这些方法，并持续优化运营策略，才能使账号流量实现持续稳定的增长。

冷启动期，吸引第一拨用户

账号建立以后，会经过一段时间的沉寂期。在这段时间里，尽管我们努力更新短视频，但是平台推送的流量特别少。此时，大多数人误以为，自己没有做短视频的才能，于是选择放弃。其实这是平台的通行做法。账号冷启动期是每个新账号创立之初都会面临的一个阶段，它考验着创作者的内容质量、运营策略及耐心与毅力。

1 冷启动期的状态

在冷启动期，平台无法判断我们的账号质量，除非我们已经有了名气和流量。所以，平台不会把那些优质流量推送给我们，而是推送给那些泛流量，如刚注册的用户、从未在平台下单过的用户，或者同城的用户、关注的用户等。

平台会密切关注新账号发布的短视频的用户反馈，如用户的观看时长、点赞、评论、转发等行为，以及视频的完播率。这些数据可以帮助平台算法了解用户对该账号内容的喜好程度，从而决定是否给予更多的推荐流量。比如，如果一个新的美食短视频的完播率很高，且有较多用户点赞和评论，平台就会在后续推荐中给予这个账号更多的曝光机会。

因此，我们要做的就是尽可能地积攒粉丝，等待爆发期的到来。

② 三招度过冷启动期

（1）买推广流量。提升流量最直接的方法就是买流量。比如，在抖音平台，选出一条近期拍摄的质量较高的作品投放 DOU+。先买 100DOU+，平台会推送 5000 流量，看看点赞和评论数的提升效果如何。

对于新账号来说，买推广流量能打破初期曝光不足的困境，使更多用户看到我们的内容。我们的内容质量如果本身不错，就有可能吸引一部分新用户关注我们的账号。

（2）不断优化作品。短视频推送之后，我们可以从平台的用户中心找到详细的播放数据，如播放量、对视频感兴趣的人群比例、点赞率等。这些信息非常重要，它反映了我们的短视频是否满足了目标用户的兴趣。接下来创作短视频的时候，我们可以参照这些数据进行调整，再观察数据的变化。比如，一个美食短视频标题从"今天做了一道菜"改为"绝绝子！这道网红美食我只花了 10 分钟就搞定了"，同时优化短视频的封面，就会提高播放量。

（3）提升互动频率。作为一个新账号，我们积极与用户互动也是积攒人气的好方法。当用户在我们的账号下评论时，我们要及时予以回复。比如，用户在我们的短视频下咨询产品的某个功能时，我们可以进行详细的解释。这样一来，其他用户也可以看到我们的解答，无疑会提升用户的留存率。

此外，我们还可以开展抽奖、问答、投票等活动。比如，一个宠物用品账号可以举办"晒出你家宠物最可爱瞬间"的摄影比赛，参与者需要关注账号、点赞并评论自己的照片。这样的活动可以增加用户的参与度和账号的曝光率。

【案例回放】某生鲜电商的短视频运营

"××厂长"是一位微博大V，同时也是一个电商创业者。他原本是做传统电商的，短视频带货崛起时，他看到了机遇，于是学着拍摄短视频，并且用短视频带货。

他没有任何拍摄经验，也不知道如何运营账号，但他坚信"一万小时定律"：成为某个领域的专家，都需要至少一万小时的练习。于是，他一口气拍了500多条短视频。起初，账号的流量很少，很多短视频的点赞甚至只有个位数。但是，他不断努力，不断总结，不断积累经验。他认为，在短视频创作过程中，产品是最重要的，其次是文案，最后才是拍摄。短视频带货，就应该突出产品，把产品拍得有吸引力；脚本文案要有适当的情绪，简洁有重点，避免废话连篇。他的这些经验，对于电商从业者来说，都是很值得学习的。

给账号和短视频贴标签

平台会给短视频账号打上标签，然后推送给具有相同标签的用户。所以，只有给账号贴上标签，才能更快速、高效地带来流量。

① 给短视频贴标签的两种方式

（1）完善账号个人信息。短视频账号的个人信息，一定要精准，如昵称、个人简介、主页背景图、公司认证等。这些信息都在告诉用户我们是谁、我们涉及的领域是什么，从而形成账号的特有标签。我们如果没有在这些地方进行相应设置，那么即便用户对我们的某条短视频感兴趣，然而当他进入我们的主页后，却发现我们的信息非常混乱、模糊，也可能不会选择关注。

需要注意的是，大多数人容易忽略个人简介，或者把它写得随心所欲。在撰写个人简介时，我们要尽量写得精练一点儿，用简短的话语概括我们的账号主题、特色以及我们能为用户带来的价值。同时，我们也可以适当地加入一些个人经历或故事，使我们的"人设"更丰富。

（2）发布短视频时添加标签。在发布短视频时，我们可以在作品描述中添加话题标签、地理位置标签，如图 6-1 所示。

图 6-1　发布短视频时添加标签

当然，我们要特别注意确保话题关键词的精准性，选择能够准确地反映短视频内容的标签。避免使用与短视频内容无关或相关性不强的标签，否则容易造成标签混乱，影响短视频推荐效果。比如，发布一条短视频，其内容是介绍一只奶牛猫，那么文案中就可讲一下奶牛猫的渊源、名字来源及其习性等，且适当多出现"奶牛猫""宠物猫"这类关键词，使推荐机制更倾向识别该标签，助力短视频被推荐给对此感兴趣的精准用户。

② 短视频标签的选择策略

（1）精准性。在为短视频贴标签时，我们要避免使用过于泛化的标签，尽量选择精准的词语。比如，"美食"这个标签虽然很明确，也有很多人关注，但是它太宽泛了，无法精准地描述我们的短视频特点。相比之下，"家常菜制作教程"这样的标签则更有针对性。

（2）多样性。我们如果能给为短视频添加多个标签，那么效果肯定比单独一个标签更好。但是，这些标签必须精准，不要与短视频内容没有关联。比如，对于一个美妆教程短视频，其合理的标签可以是"美妆教程""日常妆容""化妆技巧"等。这些标签都是与短视频内容关联性很强的，而且涵盖的领域也比较多。

（3）时效性。关注平台的热门话题和趋势，为短视频添加与这些话题相关的标签。这些热门标签往往代表当前平台用户最关注的话题或趋势。给短视频贴上热门标签，实际上就是蹭热点，可以进一步提升短视频的曝光率。

（4）独特性。在遵循平台规则的前提下，我们使用一些新颖、独特的标签，有可能会为我们的短视频带来更多的流量。比如，"赛博朋克"是一种科幻流派，有许多爱好者，但是大多数用户并不知道。在短视频里打上"赛博朋克"的标签，可以吸引一些爱好者，实现精准引流。

【案例回放】董宇辉的短视频标签

董宇辉的抖音个人账号主页十分简洁，其背景图使用的是系统自带的图片，抖音认证是"与辉同行主播"。个人简介则是"勿意，勿必，勿固，勿我"，关于这次个人简介的修改，当时还上过热搜，所以给很多用户留下了深刻的印象。在短视频中，董宇辉喜欢频繁使用"董宇辉""与辉同行""董宇辉拥有暖评最多的评论区"等标签。

作为抖音的头部带货主播，董宇辉的抖音账号有几千万粉丝。他虽然不需要像普通主播那样天天为了流量而担心，但他在做视频的时候仍然遵循基本的原则，添加标签时也尽量做到精准，时刻强化他的个人 IP。

建立品牌账号矩阵

在短视频平台上，我们可能发现这样一种现象：连续多次刷到同一家品牌的短视频账号，内容几乎相同，只是账号名字有所区别。为什么品牌要建这么多小号呢？

① 做账号矩阵

作为个人，我们在短视频平台上通常只会注册 1 个账号，极个别人会注册 1～2 个小号。一个原因是我们的精力有限，能经营好一个账号就已经很难了，更别提经营多个账号了。另一个原因，是我们的素材太单一，大号、小号的内容和"人设"几乎没有区别，很难吸引用户。

相比之下，品牌做账号矩阵的优势有很多，因为品牌可供讨论的内容丰富多样。以产品来说，不同产品线、产品的新功能、外观设计、使用体验等都能成为讨论的内容。同时，公司高管的经营理念、爱好、价值观等，都会引起用户的讨论。因此，品牌建立账号矩阵可以凭借丰富的可讨论话题，从不同角度、针对不同用户精准传播，进一步扩大品牌覆盖面，吸引更多用户的关注，使他们对品牌有更立体、全面的认知。

做账号矩阵，可以在多个平台同时进行，因为每个平台都有自己的用户群体。比如，微信面向各个年龄段的用户，但主要是熟人之间的社交，一个陌生人发送的信息，常常引起他人的警惕和反感；微博就很擅长陌生人社交，以年轻用户和追星族居多，用户在这里关注热点话题、明星动态等；抖音凭借短视频吸引了大量不同年龄段的用户，尤其是喜欢轻松、娱乐内容的人群；小红书聚集了众多注重生活品质、喜欢分享和种草的用户。品牌通过在这些平台同时建立账号，可以接触各种类型的用户，从而扩大品牌的目标用户。

2 账号矩阵的构成

账号矩阵一般分为四种类型：品牌账号、高管账号、员工账号和达人账号。

（1）品牌账号。品牌账号是品牌对外的统一形象，通常是由公司名称直接注册的账号，在各大平台上都经过认证的官方账号，它的作用是传递品牌价值观，以及发布品牌重大活动信息。

（2）高管账号。通常是由公司的高管注册的个人号，高管的个人形象，在很大程度上是对品牌形象的补充，因此高管账号的作品和评论都要符合公司的价值观，且要有个人特色。

（3）员工账号。企业的员工账号，与高管账号一起形成联动，从高层和基层两个方面完善品牌的形象。一些流量大的员工账号，甚至可以成为公司的吉祥物，为公司吸引很多用户。

（4）达人账号。公司与达人合作，请他们帮助公司进行宣传。这些达人通常有高质量的作品及大量的粉丝，而且具有专业性，这样为品牌宣传时，将更有说服力。

【案例回放】小米公司的账号矩阵

作为国内头部互联网科技公司，小米公司的账号矩阵营销应用得非常娴熟。

小米公司的账号主要包括以下四类。

（1）官方账号。小米公司官方微博、微信公众号、小米商城等，都属于官方账号，主要负责发布公司动态、新品预告、官方活动等。

（2）垂类产品账号。小米手机、小米汽车、小米智能生态、小米电视官方直播间等垂类产品，都注册了对应的营销账号，主要负责具体产品的介绍，以及产品促销活动等。

（3）高管账号。雷军、卢伟冰、王腾、徐洁云等公司高管都注册了微博、抖音账号，并且积极与网友互动，塑造了亲民的形象，如图6-2所示。

图6-2 小米公司高管的抖音账号

（4）达人账号。在各大平台上，有许多达人账号为小米公司做宣传，维持了公司的热度，并且将流量进一步推送到普通用户中间。

与 KOC/KOL 协同作战

KOC（Key Opinion Consumer），意为关键意见用户；KOL（Key Opinion Leader），则是关键意见领袖。他们都是在网络上有一定影响力的网络大 V。

与他们进行合作，是许多品牌的共同选择，这是因为短视频创作者或品牌与 KOC/KOL 协同作战具有明显优势。

1 精准触达目标用户

通常，品牌会寻找同领域的 KOC/KOL 进行合作。比如，手机品牌会找科技数码短视频创作者合作，美妆品牌则会找美妆类短视频创作者合作。这些 KOC/KOL 都有自己的粉丝群体，和他们进行合作，能够精准地将产品信息传递给目标用户。

2 扩大品牌影响力

有时，品牌也会找跨领域的 KOC/KOL 进行合作，因为他们都有各自的粉丝群体，原本并没有共同话题。品牌通过和这些 KOC/KOL 进行合作，帮助宣传产品，可以轻松完成跨平台、跨领域的营销宣传，触及不同类型的用户，扩大品牌影响力。

比如，某位财经类短视频创作者，他的粉丝都是关注股票、基金相关的新闻，某手机品牌找到该创作者，请他帮忙推广一款折叠屏手机。于是，该创作者就可以发布一条微博，说自己使用该折叠屏手机的感受很好，看股票时非常方便。粉丝看到以后，就会对该品牌和产品留下印象。

3 低成本优势

与广告公司、电视台等传统媒体相比，KOC/KOL 的合作费用较低，因为他们的内容创作相对简单，不需要像传统媒体那样具备很专业的制作水平。他们只要拿起手机，拍一条短视频，或者发一条微博，就可以达到宣传的目的了。而且，他们更注重真实体验的表达，对用户来说更有可信度。

④ 个人创作者与 KOL/KOC 互动引流

个人创作者，也可以和 KOC/KOL 进行合作，共同参与某个节目，或者在各自的内容中提及对方，又或者在对方的短视频下进行评论，就可以形成联动，互相给对方引流。

【案例回放】小米公司的 KOL / KOC 战法

小米公司与许多 KOC/KOL 有合作经验。每当新品发布之前，他们都会邀请 KOC/KOL 提前体验新产品。

通过举办产品发布会，小米公司掀起第一波流量；当发布会结束后，KOC/KOL 就会第一时间发布视频，掀起第二波流量，从而与小米官方完成多角度的营销宣传。KOC/KOL 在自己的社交媒体账号（如微博、小红书、抖音）上，以普通用户的视角分享真实的使用感受。他们会详细地描述产品的某个新功能给自己生活带来的便利，或者产品的外观设计如何符合自己的审美。

换个角度来看，这些 KOC/KOL 也需要依赖小米公司，因为许多用户关注小米的产品，他们非常渴望从 KOC/KOL 获得新产品的第一手消息。KOC/KOL 成为大 V 时，也可以从中获得经济收益，因此，它是一种双赢的合作。

低成本、高效率的裂变式营销

裂变式营销，可以激发用户的分享欲望，使他们主动把短视频分享给好友，就像细胞裂变一样，一传二，二传四，四传八……它只需要很少的成本，就可以形成大规模的传播。

1 裂变式营销的关键要素

（1）优质的短视频内容。要想让用户主动分享我们的短视频，首先就要有优秀的短视频。这就是说，我们的短视频要么有创意，使人眼前一亮；要么有价值，看了以后有收获；要么有乐趣，看得使人忍不住地笑。否则，我们很难在海量的短视频中脱颖而出。

（2）符合平台的特点。每个平台的审美、价值观略有不同，因为他们要吸引不同的用户。比如，抖音更偏重于潮流和创意，快手则以真实和多元化打动用户。作为创作者，我们要深入了解每个平台的特色和调性，创作出更符合平台审美和价值观的作品，这样才能更好地吸引用户，实现裂变式营销。

（3）给用户一点激励机制。给用户一点激励机制，更容易使他们主动分享。比如，电商领域的经典打法，就是拼多多的"砍一刀"，这种玩法可以帮助拼多多迅速吸引很多用户。而在短视频领域，很多短视频创作者借鉴了这种玩法，设置了评论区抽奖，如"转发并关注账号，即有机会赢得××手机"，或者"评论区最先猜对价格的前 10 位用户，可以获得 ×× 现金礼包"。

② 实现营销裂变的常用手法

（1）话题挑战。在短视频中设置一个话题，邀请其他用户一起参与。比如，拍摄一条旅游类短视频，在结尾的部分煽情，引发共鸣："你还记得那年和他（她）的旅行吗？趁着记忆还未消散，把它们记录下来吧。#××的话题挑战"这种情感共鸣式的手法，非常容易吸引用户。

（2）拉新奖励。首次注册并登录的新用户，即可获得新人红包或积分。这是很多 App 常用的方法，短视频创作者可以学习。比如，做美容的短视频创作者，可以设置"推荐 n 个朋友关注，可获得免费美甲一次，同时好友也能获得一次 0 元纯色美甲体验"。

（3）知识分享。在一些传授实用知识的短视频中，鼓励用户分享。比如，"晚上吃完饭以后，千万不要做这个动作。为了家人和朋友的健康，快把这个小常识告诉他们"。当然，用户通常不会费时费力地打字告诉朋友，一键分享显然更容易。

（4）抽奖活动。正如上文所说，在短视频中设置抽奖环节，也可以吸引用户主动进行分享。此外，我们还可以设置签到抽奖、点赞抽奖、秒杀抽奖和口令截屏抽奖等。

（5）集赞分享。与抽奖活动类似，集赞分享也是一种奖励机制。这种方法更直接，邀请用户分享短视频，达到一定的点赞数后就可以进行抽奖。如果是店铺品牌账号，也可以规定，将短视频转发到朋友圈，×× 个赞抵 ×× 元。

（6）与大 V 合作。我们的账号如果还在起步阶段，很难做裂变式营销，就可以借助大 V 的流量，如邀请大 V 一起拍短视频。其粉丝出于对大 V 的信任，也会主动分享我们的短视频，从而间接推广我们的账号。

（7）趣味剧情。在短视频里加入有趣的情节，也可以增强裂变式营销效果。比如，给 ×× 食品拍营销短视频时，可以加入一些有趣的情节，弱化广告的生硬感，减少用户的反感，使用户在取乐的同时记住品牌，并愿意分享。

【案例回放】夸张演绎的唱歌教学

稀疏的头发、枯黄的面容、灰色 T 恤和眼镜，如果你第一次见到 B 站博主"Ray 叔爱唱歌"的这种形象，你或许会认为，他只是一个呆板、无趣的中年男人。然而，点开他的短视频之后，你就会明白，为什么他会成为百万粉丝博主。

Ray 叔的演唱实力很强，但他没有遵循以往那种严肃、正式的教学方式，而是用搞怪的表情、夸张的动作、极强的亲和力，教用户如何演唱一首首热门歌曲。用户在欣赏歌曲的同时也能感受快乐，当然更愿意将其短视频分享给朋友。这种既能学歌，又能玩梗、找乐子的方式，谁能不爱呢？

和机构签约，告别单打独斗

新手短视频创作者与 MCN（Multi-Channel Network，多频道网络，一种网红经济运作模式）机构签约，是一种常见的玩法。这些机构可以通过专业的运作模式，帮助有潜力的短视频创作者打通内容策划、运营推广、商业变现等环节。

1 和机构签约的好处

（1）资源扶持优势。新手短视频创作者往往缺乏专业知识，不知道如何寻找资源，而 MCN 机构在这方面经验十分丰富。专业的 MCN 机构与短视频平台存在商业合作，并且有成熟的流量运作经验，可以为旗下的短视频创作者带来更多的流量扶持，使他们拥有更多的曝光机会。这比新手创作者依靠个人一点点积攒流量效率高得多。

（2）内容创作指导。很多时候，新手创作者容易陷入灵感枯竭的状态，而 MCN 机构的存在，可以帮助他们解决这种困境。除了流量扶持外，MCN 机构通常有内容策划团队。他们对市场趋势、目标用户喜好有着敏锐的洞察力，能够帮助新手创作者制定账号风格和视频主题，从而做出更符合大众口味、更容易引发关注和传播的内容。

（3）商业变现。与前面两条相比，商业变现是 MCN 机构最擅长的了。一条作品能否爆火，存在很多不确定因素，但是，商业合作变现只需要考虑利益。与个人创作者相比，MCN 机构显然更容易与商家合作，使创作者能通过广告变现实现更好的收入。

2 签约时的注意事项

虽然与 MCN 机构签约，可以为个人创作者带来许多好处，但是世界上没有稳赚不赔的买卖。双方需要经过一番深入的沟通和谈判，才能达成最终的协议。在这个过程中，新手创作者有几个关键点需要特别注意。

（1）分成比例。MCN 机构愿意与新人创作者签约，通常会与对方约定一个分成比例。所以，在签约之前，新人创作者要对此有心理预期，确保自己的劳动成果能够得到合理的回报。作为新人短视频创作者，我们如果已经积累了较高的人气，并且有可观的流量，那么在协商时就可以表现得强势一点，尽量争取到更有利的分成比例。

此外，我们还需要考虑 MCN 机构的实力、口碑等因素，选择适合自己的合作伙伴。

（2）明确双方的权利和义务，这是最基本的一点。有些 MCN 机构会过度干预短视频创作者的创作，有可能导致创作者失去独立性和创新性。因此，双方需要明确各自在合作过程中的权利和义务，包括内容的创作、发布、推广等，避免双方出现不必要的纠纷和误解。

（3）注意合同的细节。合同是法律文件，里面的每一条条款都很重要，在签约之前，我们要仔细阅读合同内容，确保没有对自己不利的条款。有些 MCN 机构会在合同里设置陷阱，如规定创作者一旦达不到预期的流量、带货利润等，就要向公司赔偿金钱；或者规定日常拍摄、买流量、买账号等费用，由创作者本人负责等。

【案例回放】头部博主与 MCN 机构的纠纷

短视频创作者李某是短视频领域的佼佼者，凭借着优秀的短视频创作能力，积累了许多粉丝。随着事业的发展，李某与一家 MCN 机构签订了合作协议。该协议规定由李某创作短视频，公司负责商业布局和推广。这项合作看起来简直是天作之合，然而最终以失败告终。

原来，随着李某的粉丝越来越多，该 MCN 机构以李某的账号为名，注册了大量商标，推出了许多产品，然而李某得到的利润少之又少。李某发现以后，与该 MCN 机构中断了合作。昔日的合作伙伴，最终对簿公堂。这件事情告诉我们，个人短视频创作者与 MCN 机构的合作充满了复杂性，一定要谨慎。

把爆款的价值发挥到极致

做出爆款短视频后，我们是选择再发一遍，还是重新开发其他选题呢？这是很多人的疑问。很多选择开发其他选题的短视频创作者担心，一条视频爆火了以后，用户就不愿意再看它了。然而，现实情况是，短视频领域也是强者恒强。能够成为爆款视频的，往往会越来越爆火，而那些不能爆火的短视频，大多数连初始流量池都无法突破。

① 爆火过的内容，还会再爆火

一条短视频之所以能够成为爆款，说明它本身非常优秀，即要么很有创意，要么定位很准，要么画面唯美。总之，它是用户亲自点赞选出来的。这样的作品，往往是平台算法推荐的优先选项。这类内容无论何时出现，都能触动人们的心灵。

比如，四大名著从书籍、戏曲、影视，再到如今的短视频，始终能够吸引大量用户关注，因为经典的魅力是经久不衰的。那些解读四大名著的短视频，即便之前爆火过，隔了一段时间以后，还会有其他创作者再次去做，而且仍旧可以成为爆款。

其实，很多短视频创作者一开始不确定自己的哪条短视频会成为爆款。他们只是认为某个选题的关注度高，值得去发掘，于是围绕这些选题剪辑了几十条短视频，然后通过许多个账号分别发出去，看看哪条短视频的转化率高，最后留下来的优胜者，就是那个最有可能成为爆款的，也是最值得投入的。

平台也乐于推荐以前爆火过的内容，因为平台要的是流量，他们也会经常开展策划会，从之前的热门短视频里，挑出一些符合主题的内容，再次为用户呈现。比如，平台做"经典宠物趣事"专题，之前那些宠物相关的爆款短视频就会被纳入其中，吸引用户观看。

所以，对待爆款短视频，不必有心理包袱，我们应当把它们的价值发挥到极致，直到流量的红利吃不动了为止。

❷ 爆款短视频拓展流量的方法

（1）不要发完全一样的短视频。短视频平台的原则是鼓励创新，所以不要把原视频又发一遍，否则会被消重，你会发现流量越来越少。并且，用户也不喜欢，他们会觉得："你之前不是已经发过了吗？怎么又发一遍？"

（2）多平台、多账号分发。为了规避第一条，我们可以另辟蹊径，把同一条短视频发到多个平台上，或者用另外一个账号简单地剪辑一下，再转发一遍。比如，一条短视频在抖音上爆火之后，我们可以在 B 站、快手、微博上再发一遍，给其他平台的用户观看。

（3）迭代升级内容。找出爆款短视频里的精华内容，然后对它进行深入发掘，做出更多优质短视频。比如，围绕一个关键词，做成系列短视频。

（4）推出衍生品。如果爆款短视频中出现一个受欢迎的 IP，我们也可以把它单独拎出来做成周边产品，如玩偶、文具等。这也是一种很有趣的做法。

【案例回放】"Are you OK"的气门芯帽

自从雷军的"Are you OK"爆火以后，网络上就出现了无数二次创作的短视频。2024 年，小米公司推出汽车产品以后，他们干脆对"Are you OK"进行了再次发掘，做成了一个 OK 手势的气门芯帽，并且在网上公开出售。

这一创意举动，很快在网上成为热搜，吸引了大量用户的注意。无论是小米的粉丝，还是对新奇产品感兴趣的普通用户，都被它吸引了目光。许多数码类短视频创作者和汽车类短视频创作者，都购买了这款气门芯帽，然后拍成短视频（见图 6-3），进一步推高了话题流量。

图 6-3　某博主拍摄的"Are you OK"气门芯帽视频

小小的一款气门芯帽，只是设计了一下外形，就足以成为粉丝和品牌之间的情感纽带。不得不说，这是非常优秀的操作。

第 7 章

数据分析，持续优化运营策略

　　短视频运营是精细活，必须用数据做参考，才能直观地反映我们的运营效果。因此，我们必须学会复盘。通过精细化的复盘工作，我们可以更好地了解作品的真实效果，发现运营中存在的问题和机会，并制定切实可行的改进方案。

数据分析的三个常用指标

短视频的数据分析，可以分为多个类别，包括播放指标、互动指标、转化率指标等。透过这些数据，我们可以从多个维度了解自己的账号质量。

❶ 播放指标：内容好不好，播放量告诉你

（1）总播放量。总播放量是我们在做数据分析时，需要首先考虑的指标。总播放率持续攀升，意味着视频内容正在被越来越多的用户认可与喜爱。也就是说，播放量越高，说明短视频的质量越高。通常一条短视频能够在单一平台达到百万播放量，就已经是非常热门的作品了。

（2）完播率。每个用户在观看我们的短视频时，用了多少时间，是否完整地观看了短视频，这就是完播率。这个数据能看出短视频内容对用户的吸引程度。我们的短视频如果平均播放时长较短，就意味着短视频开头没能快速抓住用户兴趣点或者整体内容较平淡；反之，较长的平均播放时长说明短视频内容有足够的吸引力，从而使用户持续观看下去。

❷ 互动指标：反映用户是否有共鸣

（1）点赞数。点赞数反映的是用户本人是否喜欢我们的短视频，在平台算法中，点赞数是衡量短视频热度的重要因素之一。比如，如果一条关于宠物的搞笑短视频，获得了大量点赞，那么平台就会把它推荐给更多用户。

（2）评论数。评论数反映了短视频是否撬动了用户的表达欲，通常来说，评论比点赞花费的时间更多，因此重要性更强。有时，我们会看到一些短视频的点赞数只有几千，但是评论数能达到上万条，这种短视频肯定是优质短视频。

（3）分享数。分享有两种方式，一种是直接转发，另一种是在评论区里@他人。用户主动进行分享，就是在免费帮短视频传播。

（4）涨粉率。一条短视频能为我们带来多少粉丝，就说明我们的账号魅力有多大。比如，某些明星开通了短视频账号之后，只需要一条普普通通的短视频，就能吸引数十万粉丝，说明之前该明星就已经是知名 IP 了。然而普通创作者没有这样的流量优势，就更考验我们的创作能力了。

③ 转化率指标：你的商业价值如何

（1）商品点击率。它指带货短视频中的商品链接，有多少用户愿意点击。这反映了你的短视频引导用户了解商品的能力，较高的商品点击转化率意味着短视频带货的效果较好。

（2）付费转化率。它通常指一些付费短视频，如知识付费短视频、付费短剧等，是否有用户愿意付费并观看。这体现了短视频内容的价值，以及用户的付费意愿。

【案例回放】游戏科普视频的播放量

2024 年 8 月，首款国产 3A 游戏《黑神话：悟空》正式发售，随即在全球范围内掀起了一股热潮。在此热潮之下，B 站上的三位 UP 主，分别制作了三条视频，然后组合成"黑神话的人文故事"系列。

如图 7-1 所示，截至 2025 年 4 月底，第一条视频是"【吸奇侠】聊《黑神话：悟空》第一回'火照黑云'小动画背景知识、细节解析"，创作者是"吸奇侠"。他凭借对游戏背景知识的深入挖掘，以及细节上鞭辟入里的解析，吸引了大量观众，播放量达到了 128.3 万。

第二条视频是"悟空到底具备多少能力？一期唤醒记忆，做回童年的大圣！"创作者是"浪花姜"。他抓住了观众对孙悟空个人能力的好奇心，唤醒了一些游戏玩家童年时期对大圣的美好记忆，收获了 48 万播放量。

第三条视频是"原著中孙悟空为何输给二郎神？"创作者是"大蜡烛"。他从原著情节出发，探讨孙悟空与二郎神对战中孙悟空失败的原因，播放量高达 355.3 万。

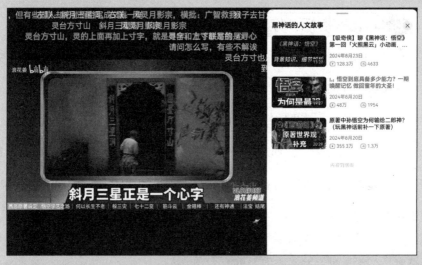

图 7-1 "黑神话的人文故事"系列视频

根据用户画像做优化

在各大平台，我们可以通过后台数据查看用户画像，从而了解我们的短视频究竟吸引了哪些用户。然后，我们便可以进行分析，对短视频的内容和营销策略等方面进行优化，从而提升账号内容的质量，并且提升流量变现的能力。

1 优化短视频内容

很多时候，我们在制作短视频时，其实并没有明确的目标用户，直到查看后台数据时，才发现某些用户群体的比例最多。比如，我们随机发布一条日常生活的 Vlog，结果我们在短视频中的穿搭和妆容火了，吸引了很多年轻用户关注。此时，我们可以优化短视频的选题，比如，我们可以围绕当季流行妆容、不同场合的穿搭技巧等主题，进行选题策划。

此外，用户的职业、地域、年龄、爱好等，都可以作为参考。比如，关注我们的用户中，三、四线城市的中年男性占多数，那么在世界杯期间我们就可以做一期与足球赛事有关的短视频。

再如，目标用户更倾向于轻松娱乐的氛围，那么我们在撰写短视频文案时，就应该多用一些幽默的段子，把内容写得更通俗、易懂；如果目标用户的学历较高、知识丰富，那么我们在创作短视频时就应该更严谨一点，把内容说得更深入一点，以便打造符合目标用户喜好的内容。

② 优化营销推广策略

分析用户画像，可以为营销策略提供参考，使我们做出更加清晰、有效的决策，如图 7-2 所示。

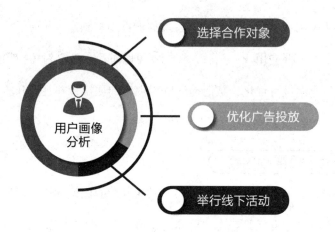

图 7-2 用户画像为营销策略提供参考

（1）选择合作对象。用户是复杂的，他们可能有很多喜好。比如，一个喜欢看军事科普类短视频的用户，可能也喜欢看数码类短视频。那么，这两个领域的短视频创作者就可以进行合作，一起拍摄短视频。又比如，同一个领域的短视频创作者，有时也会进行合作，实现粉丝资源共享，扩大影响力。

（2）优化广告投放。有时，短视频创作者也会进行广告投放。这一点在企业高管身上体现得尤为常见。在投放广告之前，我们可以参考一下用户画像，从用户消费能力、兴趣偏好等标签，分析一下投放广告的最佳策略。比如，针对高消费能力且对高端数码产品感兴趣的用户群体，我们可以与知名数码类短视频创作者合作，以联动、广告等形式，在短视频中呈现我们的相关信息。

（3）举行线下活动。通过用户画像，我们可以看到粉丝的地域、人群等分布。比如，某抖音账号的用户画像显示，男女比例大致相当，31 ～ 40 岁粉丝人数最多，主要分布在安徽、河北等地，又以苹果手机用户最多。那么，该账号在做线下活动时，就应当考虑这些因素，尽量契合粉丝的需求。

【案例回放】理发师博主之间的联动

2024 年 10 月，湖南怀化的一名理发师李晓华火了。她能够爆火的原因很简单——她能真正倾听顾客的需求，让顾客感到满意。正如她的视频文案所说的一样："让你笑着走出这个理发店。"

李晓华迅速走红网络之后，抖音大 V "山城小栗旬"也关注到了这个消息。他被李晓华的技艺和真诚所吸引，于是特地赶到怀化市，与李晓华进行了一场梦幻联动。这场合作直播也引起了人们的关注。

毫无疑问，"山城小栗旬"的决策是正确的，因为他知道，关注他的用户对发型感兴趣，并且同样希望能够笑着走出理发店。

提高完播率的四个技巧

短视频拍得是否好看，直播做得好不好，光靠自我感觉是不行的。完播率高的短视频能够得到更加优质的曝光机会，从而让更多用户看到创作者的作品。

① 完播率高低，代表短视频质量高低

完播率，是指一条短视频的播放量里，用户全部看完的比例。完播率的计算公式是：

$$完播率 = 看完短视频的用户数 \div 点击观看短视频用户数 \times 100\%$$

比如，短视频有 100 个点击量，但是只有 30 个人完整观看了短视频，那么完播率就是 30%。

完播率低的作品，可能会被平台认定为低质量的作品。比如，抖音官方规定，有机会被商城展示的内容，需要同时满足两个条件：短视频播放量高于 400，完播率高于 10%。我们可以看出，完播率低于 10% 的作品，在推广上不占优势。

短视频完播率低的原因有很多，如短视频内容不够优秀、商品没有竞争力等。完播率太低，除了影响短视频被更多人看到之外，还会对直播带货产生不利影响。

② 提升完播率的四个方法

（1）优化短视频剧情。短视频如果太过平淡，缺乏吸引人的亮点、冲突或者趣味性等元素，就很难在海量的短视频内容中脱颖而出，更别说吸引用户停留观看了。所以，我们必须想办法提升剧情的吸引力，比如，在短视频开头抛出一个引人好奇的问题或者设置一个充满悬念的场景，让用户迫不及待地想知道后续内容。或者，我们可以营造矛盾和冲突，展现主角面临的两难困境，是选择友情还是利益，这种冲突会让用户好奇主角最终的抉择，进

而把短视频看完。

（2）加快叙事节奏。由于时长的限制，短视频的节奏通常很快，这样才可以把用户留下来。比如，很多搞笑类短视频，三句话抖一个包袱，使用户笑得停不下来。此外，我们还可以运用快速的镜头切换、流畅的转场等剪辑手法，使短视频的整体节奏明快起来，尤其是一些展示操作流程、运动场景等的短视频，快节奏能始终抓住用户的注意力，如舞蹈教学短视频，剪辑时让每个舞蹈动作的展示和讲解切换迅速，使用户保持较高的专注度。

（3）精简短视频内容。短视频里的内容，应该直达核心，尽量去除冗余、无关紧要的信息，确保短视频中的每一个片段、每一句话都围绕核心主题展开。一般来说，在短视频平台上，1 分钟以内的短视频，往往完播率更高。比如，做电子产品评测短视频，一开场就要聚焦产品的性能、特色，或者使用场景，避免在无关紧要的内容上浪费太多时间，以便让用户快速获取关键价值点。除非内容非常精彩且节奏紧凑，否则过长的短视频容易使用户中途失去观看耐心而退出。

（4）在开头设置引导话术。以上三种提升完播率的方法，都需要短视频创作者具有丰富的经验。除此之外，还有一种简单的方法，就是在短视频开头的文案中植入引导话术，告诉用户"一定要看到最后"。比如，"接下来，才是重头戏！相信我，你一秒钟都不想错过""建议收藏起来，反复观看"等。

【案例回放】华为——用创意让人们爱上广告

2024 年 12 月 24 日，华为终端在 B 站上发布了一条广告短视频："（华为手语视频服务）很高兴认识你。"该短视频主要宣传专门为听力障碍人士设计的"手语视频服务"功能，让他们可以与专业的手语客服进行视频沟通，从而获得一对一用机难题的解决方案。

该短视频通过几位听力障碍人士的参演，为人们展现了"手语视频服务"的使用场景，比如，助听器怎么连接蓝牙，才能让听力障碍人士边听歌、边舞蹈？手机能设置闪光提醒，以免错过消息吗？小艺通话怎么设置快捷回复，才能让快递小哥更好地与客户交流？如何教会珍珠阿姨使用碰一碰传照片的功能？

这条有温度的短视频发出以后，很快受到了用户的点赞。他们在评论区留下了自己的观点，如图7-3所示。

图7-3 华为广告及评论区截图

华为公司很看重广告的创意，他们喜欢用微电影一般的视频，向用户传递华为的价值理念——"以客户为中心"。人们不会讨厌和抵触这类广告，而是安静地看完，甚至将华为的广告部门戏称为"华为影业"。也就是说，我们如果能够把广告做成这样优质的短视频，那么它的完播率自然很高。

"人设"好不好，先看涨粉率

所谓涨粉率，就是新增粉丝与初始粉丝的比率，计算公式为：

$$涨粉率 = 新增粉丝数 ÷ 初始粉丝数量 × 100\%$$

比如，账号原本有 10000 名粉丝，这就是账号的初始粉丝数量。过了一个月，账号的粉丝涨到 15000 名，那么这一个月的涨粉率就是：

$$（15000 - 10000）÷ 10000 × 100\% = 50\%$$

① "人设"好，才有市场吸引力

影响涨粉的因素有很多，如"人设"、内容创新性、视频质量、发布时间、推广策略等。其中，"人设"的影响至关重要。作为短视频创作者，我们如果长时间没有涨粉，很可能是"人设"出了问题。

账号的"人设"好，涨粉速度就快，这是不争的事实。一个好的"人设"，不仅仅是短视频创作者外在形象的塑造，更是其内在价值观和个性的体现。它能够与用户产生情感共鸣，让用户在欣赏内容的同时，也对创作者本人产生认同和喜爱。这样的创作者想不涨粉都很难。

② "人设"要有差异化

由于短视频创作的门槛并不高，这就使得很多短视频创作者的"人设"高度同质化，很难展现差异化，没有区别就无法给人留下深刻的印象。很多短视频创作者的形象，仿佛是一个模子里刻出来的。他们说着差不多的话，做着差不多的事，就连表情和动作都很像，令人提不起兴趣。所以，"人设"的关键之一是要有自己的特色，有了差异化，就离成功更近一步了。

在网络上，我们可以看到很多这类现象。比如，短视频创作者"无穷小亮"在抖音上发布了一系列科普短视频，其开场一句——"鉴定一下网络热门生物视频"，凭借幽默风趣、专业严谨的"人设"，迅速走红网络。后来，又因为他的长相和藏狐撞脸，又被网友戏称为"狐主任"，进一步推高了他的短视频热度。

③ "人设"与目标用户的契合度

涨粉率还可以反映出你的"人设"有没有进入用户的法眼。如果你的"人设"体现的喜好、价值观、情感等特点跟目标用户相契合，那么你就很容易吸引粉丝。

比如，一个健身类短视频创作者，他的"人设"如果是专业、自律，而且富有正义感，那么他的形象就很容易受到大多数人的认可。相反，他的"人设"如果是虚荣、浮夸、恃强凌弱的，且这种形象明显跟社会主流价值观相悖，自然就会令大多数人反感，从而引来很多批评。从这个角度来看，涨粉率可以作为评判"人设"好坏的一个有效参考指标。

【案例回放】余承东 3 天涨粉 200 万

余承东是华为公司的常务董事，负责华为的手机、汽车等产品线，并且经常开发布会，积累了许多粉丝。但是，直到 2024 年 12 月 12 日晚，余承东才正式入驻抖音平台。12 月 14 日余承东发布了首条视频，只是出镜给用户打了个招呼，12 月 15 日上午余承东的粉丝数就超过了 200 万。

余承东的账号页面十分简约，他的个人简介是"make it possible 以行践言"，十分有华为味儿，是人们印象中自信拼搏、永不言败的华为人，这也是他本人最吸粉的原因之一。可见，他的"人设"是十分成功的，不仅契合他的人生经历及其职业生涯，还受到广大用户的认可。

优化短视频的发布时间

短视频的发布时间是有讲究的，在不同的时间段发布同一条短视频作品，获得的流量可能存在巨大的差异。

① 通过数据确定短视频发布时间

通常，我们可以使用短视频的后台数据，或者第三方软件进行分析然后确定短视频的发布时间。

（1）平台后台数据。短视频平台通常会在后台设有数据中心板块，旨在使创作者可以直观地看到作品的数据。比如，抖音的创作者中心、快手的创作者中心、小红书专业号中心等。

我们可以尝试在各个时间段分别发布同一条短视频，然后看看流量的变化趋势，包括发布后的首个小时、首个半天、一天内等，从各个时间段的数据表现中，找出播放量相对较高的发布时间。

（2）第三方数据分析软件。除了各个平台自带的数据中心之外，我们也可以使用第三方工具，如飞瓜数据、蝉妈妈、抖查查等。这些工具同样能够为我们提供详细的数据分析，同时还可以帮助我们查看其他短视频创作者的数据表现。

② 一天中各个时间段的短视频观看规律

大多数用户的生活是有规律的，因此他们观看短视频的习惯也是有规律的。比如，有的人早上出门上班，会在通勤的途中看一会短视频；有的人白天很忙，直到晚上下班以后，才会花 1 ~ 2 个小时观看短视频。

（1）7：00—9：00。早上的客流量相对较少，因为很多人还没有起床，而那些起床的人要上班、上学，愿意在这个时间段观看短视频的人，通常时间都比较充裕。也正因为如此，流量相对比较稳定，能够使新手短视频创作者更好地圈粉。但是，短视频创作者的内容一定要生动、有趣，否则很难吸引用户一大早就关注我们。

（2）12：00—14：00。这个时间段是上班族的午休时间，很多人会打开 App 看短视频，因此很多短视频创作者也在这个时间段发布短视频。

（3）18：00—22：00。短视频平台的在线人数达到高峰，大部分短视频账号都不会放过这个时间段，大家彼此争抢流量。这个时间段也是用户消费能力最强的时候，因此要用一些抽奖、玩游戏的活动，刺激用户消费。

（4）0：00—6：00。一般来说，这个时间段的活跃用户数量相对较少，但是流量也更精准。面向那些喜欢熬夜的用户，如游戏爱好者，或者特定的国际时区的用户等，短视频创作者可以考虑在这个时间段发布，抢占小众但精准的流量。

另外，夜里发布美食短视频也是一个好选择，因为此时的店铺大多已经关门，用户只能眼睁睁地看着短视频里的美食咽口水。

以上内容，是对短视频平台用户生活习惯的大致总结。短视频创作者对于直播时间的具体安排，还要根据目标用户的实际情况而定，然后在直播过程中不断调整，从而找到最适合自己的方案。

【案例回放】医学知识科普博主的视频的发布时间

"柯铹蒿 tanhan"是抖音上的一位医学知识科普博主，也是一位临床医学专业的学生，她以"每天一个医学小震撼"为主题，持续输出内容，向人们讲述各种医学小知识。

她的视频发布时间大多集中在 17：00—19：00，这一安排有着巧妙的考量。一方面，她的视频内容多为知识讲解，且篇幅不长，适合人们在相对放松的时间段去观看；另一方面，她的目标受众以年轻人为主，他们通常在这个时间段刚刚结束一天的学习或工作，从紧张的状态中解脱出来，正需要一些轻松且有价值的内容来放松身心、充实自我。而"柯铹蒿 tanhan"的医学知识科普视频，既不会占用过多时间，又能满足他们的求知欲，正好适合观看。

四个可能导致限流的原因

有时，作为短视频创作者，我们可能会疑惑，明明什么都没有做，作品流量却出现断崖式下跌。究其原因，我们可能被平台限流了。要想解决这个问题，我们就要先了解清楚可能引发限流的因素。

1 作品质量不高

作品的质量不高，如内容没有吸引力、短视频质量太差、内容重复等，都会被平台限流。

（1）内容没有吸引力。短视频内容无趣、平淡或缺乏创意，就很难吸引用户的注意力。这样的短视频往往会被平台减少推荐量，从而曝光率降低。

（2）作品粗制滥造。如画面模糊、声音嘈杂、声画不同步、内容不够垂直，以及更新速度太慢等，同样会影响用户的观看体验。平台在评估短视频质量时，会考虑这些因素并据此调整推荐策略。

（3）内容重复。抄袭他人的短视频，或者多次发布相同的短视频，会极大地影响用户的好感度，进而导致账号的流量下滑。当平台检测到此类短视频时，就会进行限流处理。

2 违反平台规定

短视频平台设置了很多规定，如果踩了平台的某些"红线"，就会导致账号被限流。

（1）内容低俗。低俗内容包括暴力、色情、拜金、侵犯未成年人权益、展示自杀自残等违反社会公序良俗的行为，不仅会影响用户体验，还可能引发社会争议和负面舆论，会被平台严格限流甚至封号。

（2）侵犯版权。在未经授权的情况下，短视频创作者使用他人的音乐、视频片段或图片等素材，都可能构成侵权。短视频创作者如果受到原作者或用户的举报，平台就会对相关短视频作限流处理，以保护原创者的权益。

（3）敏感话题。它包括政治、军事、宗教、种族歧视、民族歧视等敏感话题，容易引发争议和冲突。为了避免不必要的麻烦，平台通常会对这类内容进行限制。

（4）刷数据。它涉及刷赞、刷粉、刷好评等。通过这些手段获得的流量，通常是很难持续的。短视频创作者刷数据的行为如果被平台发现，轻则会被平台警告，重则封号。

（5）广告类。涉及广告的内容，一向会受到平台的严格管理。比如，未经批准的广告、违法药品和保健品等内容，以及虚假宣传、误导用户等不良行为。

3 账号和设备问题

有时，短视频创作者的账号和设备方面的问题也可能导致限流，这种限流很容易被创作者忽视。

（1）账号问题。我们的账号本身如果存在问题，那么从一开始就会被限流。比如，账号名称、个人简介、头像、主页背景存在违规内容，如包含其他联系方式（微信、QQ、手机号等），是极有可能被平台限流的。

因此，账号名称、个人简介、头像、主页背景等要避免出现违规词汇，不要出现太多无关的内容，越简单越好。

（2）设备问题。账号如果存在异常行为，如频繁更换设备、登录地点，或修改个人信息等，可能会遭到平台限流。

4 平台策略调整

各个平台经常会调整经营策略，并且更改算法和推荐，这些调整可能导致我们的短视频被降低曝光率。

（1）新兴内容的推荐。有时，平台会根据自身经营决策，决定热门内容。比如，扶持新兴领域的短视频创作者，以便开拓新的市场。我们的短视频内容如果正好符合平台要求，就会收到平台更多的推流。相反，我们的短视频主题被平台认定为落后时，就会被减少推流。

（2）热点事件的影响。当一些热点事件发生时，平台也会调整推流策略，以便满足市场需求。我们的选题内容如果与当前的潮流相悖，就会被减少推流。

【案例回放】被限流的智驾视频

随着新能源汽车市场的爆火，智能驾驶也逐渐走入大众的视野。于是，一些短视频创作者制作了智驾体验短视频（见图7-4），并且进行直播，吸引了很多用户的观看。然而，短视频创作者有时会抱怨，自己辛苦制作的智驾短视频被平台严重限流，甚至会被平台下架。

图7-4 某短视频创作者测试智能驾驶的视频画面

出现这种现象的原因可能是多方面的。其中，智能驾驶作为一种新产品，在法律法规方面仍然存在许多模糊地带。有的短视频创作者在测试时，长时间双手离开方向盘，这样的画面可能会被平台认定为不符合交通法规，或存在安全风险，或者会引发不良导向，从而对直播进行限流。

如何投流，效率最高

在短视频平台购买流量，好处是显而易见的，但买流量不是万能的。很多创作者停止投流以后，流量就会瞬间枯竭。要想实现高效投流，短视频创作者必须了解一些关键的投流策略。

1 先有目标，再做投流

在投流前，我们要先问一下自己："这次投流想达到什么效果？"我们如果对这个问题还没想明白，只是想当然地认为，投流是为了上热搜，那么最好先不要去做。

通常，短视频进行投流是为了达成三个目的。

（1）增加短视频播放量。通常，短视频平台都有正式的投流入口，如抖音的 DOU+，快手的"粉条"，微博的"内容加热"（见图 7-5）等。

图 7-5 微博的"内容加热"

我们从平台买流量，可以让作品有更高的播放量，这意味着我们的作品能够吸引更多的潜在用户，为后续的账号涨粉、变现等打下基础。比如，一些知识科普类账号，先通过投流提高播放量，使更多用户知晓其专业且实用的内容，后续才有机会收获更多粉丝，从而进一步拓展影响力。

（2）粉丝量。在投流的时候，我们可以选择以"粉丝增长"为目标。这个选择侧重于吸引用户长期关注账号，构建稳定的粉丝群体。有了忠实的粉丝，我们后续发布的短视频就更容易获得初始流量和互动，从而形成良性循环。

（3）提升商品销售量。带货短视频投流则主要是为了提升销量。有的带货短视频，在没投流的时候，就有很高的出单率。这说明商品符合用户的需求，视频拍得也很好。针对这类短视频，我们可以进行投流，实现利润的增长。

2 "小步快走"的投流策略

投流不适合使用"大水漫灌"的策略。事实上即便头部短视频创作者，在投流的时候也会十分谨慎。因此，在投流的时候，我们应当采用"小步快走"的模式，逐步测试效果，最后再追加投资。

（1）找出优质作品。不能爆火的短视频，就算花再多的钱都不会爆火，所以，我们要找那些最看好的作品，这些作品要么能够契合当下的热点，要么能激发目标用户的兴趣。比如，平台某一时期鼓励某类主题的短视频内容创作，而我们刚好制作了相应主题的优质内容并进行投流，这样就更容易获得平台的流量扶持，进而提升投流的整体效果。

（2）先用小额测试。刚开始进行投流时，我们不要盲目投入大笔资金，在找出自己最看好的优质作品后，在后台的数据中心查看完播率、点赞率等，然后再拿出一小部分预算进行测试。我们可以多发几条短视频，分别投放测试一下，看看哪个效果最好（如点击率、转化率、完播率等），再逐步加大投入。

（3）分时段投放优化。我们要分析目标用户在平台上的活跃时段，将投流集中在高峰时段，往往能获得更高的曝光和互动。比如，美食类短视频，在人们吃饭的时间段投放，可能效果更好。同时，我们可以根据不同时段的数据表现，动态调整后续的投放时间安排。

（4）组合投放方式。我们可以尝试不同的投放组合，比如，将按播放量投放与按粉丝量投放相结合，或者把系统智能推荐投放和自定义定向投放搭配使用。通过对比不同组合的效果，我们可以找到最契合自己短视频内容和目标的投放模式，提升投流效果。

（5）对点赞高的短视频追加投流。投流以后，我们发现如果其中某条短视频的点赞、涨粉速度都很快，就说明这条短视频的投流很精准，即用户已经认可了它了。这时，我们可以选择继续追加投流，把效益最大化，这就是"把好钢用在刀刃上"。

【案例回放】一位传统电商的投流策略

抖音博主"伽乐机长"在一条视频中，邀请了一位传统电商的朋友，请他讲述自己的投流策略。这位电商朋友的团队，第一个月进入抖音直播，销售额就达到 140 万元。

该团队的负责人说,他们在做抖音直播时,投流主要遵循三个步骤。首先,团队最常用的投流策略是"达人相似",借助达人的影响力,精准触达潜在受众;其次,针对目标人群投流,将内容展示给最有可能感兴趣和产生转化的特定人群;最后,放量投流,将广告内容大规模地投放给广泛的用户群体,让系统根据算法自动寻找可能对内容感兴趣的用户,以获取大量的曝光和流量。

第8章

社群管理，构建粉丝忠诚度

近年来，社群运营越来越受到重视。传统的引流模式，如通过搜索引擎营销、广告投放、平台投流等方式，获取用户的成本越来越高。而社群运营凭借其相对较低的成本，通过口碑传播、成员自主拉新等方式，能够精准吸引且有较高黏性的用户群体，成为众多品牌及短视频创作者获取流量的新选择。

唯有参与感，才有忠诚度

在短视频盛行的时代，几乎每个领域都有无数的短视频创作者，如何才能让用户对我们的账号产生忠诚度呢？其关键是让他们记住我们。而参与感，正是让用户对我们产生深刻印象的不二法宝。以下是三种塑造用户参与感的方法。

① 倾听用户的心声

要想学会表达，首先要学会倾听。倾听是短视频创作者与用户建立情感联结的基石，也是提升用户参与感的第一步。作为短视频创作者，我们需要时刻关注用户的反馈，无论是评论区的留言、私信，还是粉丝群里的讨论，都要仔细观看。我们需要知道用户对我们有什么样的印象，以及对我们的短视频有什么意见。当我们真诚地倾听用户的心声时，他们才会感到被尊重和被重视，从而更愿意与我们进行深入的交流。

读懂用户的心声，我们才能做出针对性的回应。比如，当我们制作了一条短视频，却发现用户不喜欢其中的某些观点时，我们应该适时做出解释，让用户知道其中的原因。这样可以使用户感受到，他们的参与是有价值的，他们的声音是被听见的。

❷ 让用户加入创作之中

让用户参与到我们的创作中来，也是一种有效提升用户参与感的方法。无论是内容的选题策划，还是后期的制作和推广，我们都可以邀请用户进行参与和讨论。他们的意见，可以指引我们的创作方向，从而使我们的作品更加丰富。

我们可以直接向用户征集话题，作为我们接下来的创作选题。比如，美食类短视频创作者可以在网页中发起投票，询问用户对哪道菜感兴趣，然后根据用户的意见，制作新的短视频。或者，我们可以发起一场活动，邀请用户在评论中晒出他们的拿手好菜。

❸ 建立用户社群

通过微信群、QQ 群，或者短视频平台的群聊功能，我们可以建立一个专门的用户社群，方便用户之间以及用户与我们之间的交流互动。我们要经常在社群中分享生活点滴、创作思路、短视频制作进度等，让他们时刻了解我们的动态，也可以在社群里发起话题讨论、组织小型活动，营造活跃的社群氛围，让他们有参与感和归属感。

【案例回放】"秋叶大叔"的社群营销

"秋叶大叔"的社群营销案例堪称典范。他从一名大学副教授，凭借在博客上发布的 PPT 教学视频，积累了大量忠实粉丝，成为该领域的佼佼者。随后，他利用多个社交媒体平台，如抖音、快手、微博和小红书等，进一步传播自己的教学课程。

与此同时，他还积极打造自己的用户社群，成功转型为互联网教育者。他的用户社群不但人数众多，而且活跃度很高，用户互相交流学习心得，分享彼此的学习经验和成果，使得整个社群充满了活力和生机。在一次演讲活动中，"秋叶大叔"说，他并非一开始就计划进行社群营销，而是因为在早期的教学中，学员很喜欢使用QQ群分享经验，这才意识到社群的价值。随着实践的深入，他不断完善社群管理，通过选拔优秀学员担任管理员，并鼓励他们分享学习成果，成功组建了一支高效的内容创作与管理团队，从而推动了社群的快速发展和教学内容的持续更新。

社群的氛围必须年轻化

短视频创作者也要与时俱进，经营社群时应当营造年轻化的氛围。这种有活力、有梦想、有激情、有品位的氛围，往往能够速度吸引用户的大量关注，特别是年轻用户的青睐。

1 年轻化氛围的优势

营造年轻化的社群氛围，是很多人的共识，这并非一时兴起或个人偏见，而是因为它拥有明显的优势。

（1）更容易吸引用户。观看短视频的用户，大多数是为了打发时间，所以轻松、娱乐的氛围更容易受用户的欢迎，而这正是年轻化的特点。年轻化不仅是一种趋势，还是一种态度。即便是那些国际知名的百年老店，如麦当劳、欧莱雅等，也在推崇年轻化的战略，因为只有年轻化才能吸引用户。

（2）活跃度较高。沉闷的社群氛围，总是令用户失去表达的欲望。相比之下，年轻化的氛围容易使人充满活力，愿意表达自己的想法。在这样的社群里，广大用户会围绕一个话题，展开热烈的讨论，使得社群始终保持较高的活跃度，消息不断更新。

（3）吸引用户主动分享。在年轻化的社群氛围中，人们看到有吸引力的内容时，会很愿意将其分享到自己的朋友圈、抖音等社交账号上，实现社群影响力的快速扩散。比如，一个主打创意手工艺品的年轻化社群，成员做出好看的作品后会主动拍成短视频，从而吸引更多的手工艺品爱好者加入。

❷ 营造年轻化社群氛围的方法

要想营造年轻化社群氛围，我们可以从三个角度进行。

（1）使用网络上的热词。网络上有许多流行词汇、热梗等，它们大多是年轻人创造的，如"yyds""绝绝子""显眼包"等。在拍摄短视频的时候，我们使用这些词语，可以让用户感到新潮、亲切，容易拉近彼此之间的心理距离。不过，网络上的热词也是在不断更新的，我们需要跟上潮流。

（2）幽默、风趣的表述。短视频的文案应尽量保持幽默、风趣，避免像播新闻一样使用严肃的词语。比如，在提醒社群用户参加活动时说"宝子们，这次的线上抽奖活动可别错过了呀"。这样轻松、愉快的聊天氛围，很容易提高成员参与的积极性。

（3）经常组织活动。在网上组织一些小活动，比如，邀请社群用户晒出自己的作品，或者组织一场游戏比赛等。对于年老的粉丝，我们可以让他们晒出自己的书法作品、食物照片等。通过这些小活动，我们可以让社群用户在玩乐中提高对社群的好感度。

【案例回放】鲁菜大师和年轻人的互动

鲁菜大师陈宗明在 B 站、抖音等平台注册了账号，毫无保留地将鲁菜制作技艺展示给年轻人。作为一个年逾七旬的老人，陈宗明老师没有用自己的头衔压人，而是和年轻人打成一片。

他经常邀请用户晒出自己的厨艺，然后对其进行点评，帮助大家提升水平。他说，这是在检查用户的作业。这样的互动方式，既温馨又充满乐趣，广大用户也纷纷在其作品的评论区晒出照片，如图 8-1 所示。

图 8-1 用户在评论区晒出"作业"

对于用户来说，他们有了展示自己厨艺的平台，并且能得到专业老师的指点，这是一个非常难得的机会。而对于陈宗明老师来说，这种互动方式使得评论区形成了热闹的互动氛围。大家纷纷晒照，也会互相交流心得、彼此点赞鼓励，增强了用户的活跃性。并且，这样做还让陈宗明老师进一步拉近了与粉丝之间的距离。

管理和维护粉丝群

短视频创作者仅仅获得一大批用户还不够，要想让用户群长期存在，并且不会分崩离析，还需要学会管理用户群。

1 制定清晰的准则

在创建用户群时，短视频创作者应该制定一些准则，让用户知道什么可以做、什么不可以做。比如，一些短视频创作者在建立社群时，对群成员提出了以下一些需要遵循的准则。

（1）作为 ×× 发烧友，咱们相聚一起也是个缘分，不管是老粉还是新粉，都得礼貌相待，别搞啥歧视或攻击。

（2）咱们这是个有素质、有品位的社群，不要在群里发布广告、违法信息、政治信息等。

（3）咱们用户群里就是要禁止引战，也不能发表有害言论，共同维护一个和谐、友善的交流环境。

（4）尊重他人隐私，未经允许，请勿私自公布他人的身份信息。

（5）咱们在群里，互相称呼网名或昵称即可，不要随意公布他人真实姓名，以免给别人带来麻烦。

（6）禁止谩骂，都是文明人，别让负面情绪影响了咱们的社群氛围。

（7）别刷屏，不然多影响大家交流。

② 在群里与用户持续互动

建立用户群之后，短视频创作者也应该积极与用户互动，这是构建和维护一个活跃、和谐用户社群的重要一环。

（1）保持积极、友好的态度。在与用户互动时，我们要始终保持积极、友好的态度。无论用户提出什么样的问题或建议，我们都应该耐心倾听、认真回应，让他们感受到我们的真诚和热情。当气氛尴尬或紧张时，我们要学会用幽默、风趣的语言来化解，让互动更加轻松、愉快。

（2）鼓励粉丝参与讨论。为了激发用户的参与热情，我们可以经常设置一些互动环节，如提问、投票、分享心得等。通过这些环节，我们不仅能收集到用户的反馈和建议，还能让他们感受到自己的价值和影响力。

（3）尊重粉丝的意见。在与粉丝互动时，我们要学会尊重他们的个性和差异。每个人的喜好和观点都是独特的，我们不应该因为用户的观点不同，就去否定他们。相反，我们应该以开放和包容的心态去倾听他们的心声，并从中汲取新的灵感。

（4）指定管理员帮助维护用户群。仅靠我们自己很难时时刻刻关注用户群的动态，这时我们就需要管理员的帮助。首先，管理员应该是用户群里活跃度高的人，并且积极参与话题讨论。其次，管理员需具备责任心，以及良好的沟通能力，能够维护用户群的和谐氛围。

【案例回放】罗某的粉丝群运营法

罗某是一位拥有许多粉丝的大 V，曾经创过业，收获了许多粉丝，大家对他的认可度很高。后来，他决定转型做带货主播。消息一出，用户都在评论区对他表示支持。

于是，为了给首场直播造势、引流量，罗某决定发挥粉丝群的作用。他首先发了一条微博，邀请粉丝加入他的粉丝福利群。与此同时，他已经让工作人员帮忙创建了一两百个微信群，群名称统一设置为"××××官方粉丝群——第××群"。群主和管理员的昵称，也设置为"××××首席推荐官助理群主/管理"。群里的粉丝，每个人都可以向自己的亲朋好友发送邀请，进入群聊的人则可以领取一份优惠券。

群主和管理员的工作也很简单，每天在群里发起一些话题讨论，引导粉丝分享自己的意见。比如，设置一些互动环节，投票选出最受欢迎的直播产品，这样不仅能提高粉丝的参与感，还能让他们更加期待下一场直播。

通过粉丝群的运营，罗某很快就获得了目标用户，此举成功帮他稳住了直播间的流量。

私域流量，实现长效经营

流量有公域流量和私域流量之分。

所谓公域流量，是指由平台控制的流量。由于这些流量是公开的，我们需要投广告、买流量才能获得。相对而言，以公众号、粉丝群为主的流量，我们能够掌握在自己手里，不需要额外付费，这就是私域流量。通常，我们通过在公域平台的推广和引流，可以将粉丝引入私域流量池。

1 做私域流量的三个优势

私域流量的规模远比不上公域流量。然而，我们为什么依然需要经营私域流量呢？

（1）私域流量成本更低。要想获得公域流量，我们通常需要付费。因为平台也需要赚钱，他们做平台吸引用户，也是为了盈利。大多数短视频创作者在运营短视频的过程中，或多或少都买过流量。

另外，平台对于流量的分配是竞价式的，即价高者得。这意味着买流量的费用会越来越高。建立私域流量，就是为了将那些忠诚度较高的用户筛选出来，直接和他们对话，省去中间环节，能够节省很多成本。

（2）私域流量的精准度更高。私域流量中的用户，通常是对短视频创作者有所了解，并且对短视频内容感兴趣的用户。我们如果能将他们聚集在一起，就能更精准地把握其需求，开展针对性的营销与运营活动。比如，一个美妆类短视频创作者的微信群里，加了许多对美妆产品感兴趣的人，向他们推送新品信息、美妆教程等内容，更容易转化为订单，而且用户持续性购买的可能性更高。

（3）私域流量的用户黏性强。私域流量的核心优势之一，就在于它能够通过持续的互动和优质的服务，与用户建立深厚的情感联结。想象一下，当用户在公众号、粉丝群等私域媒介中频繁地接收来自短视频创作者或企业的有价值内容和服务时，他们自然会对对方产生好感，进而形成强烈的用户黏性。这种黏性不仅体现在用户对短视频创作者或企业内容的持续关注上，还体现在他们愿意为短视频创作者或企业推荐新用户、分享优质内容等。

② 搭建私域流量池的玩法

搭建私域流量池是一项系统而细致的工作，涉及多个环节及策略。以下是一些搭建私域流量池的玩法。

（1）基础玩法：利用平台的群聊。抖音、快手等平台上都有群聊的功能，我们可以直接在上面创建粉丝群。图 8-2 是某短视频创作者的抖音粉丝群。

图 8-2 某短视频创作者的抖音粉丝群

（2）进阶玩法：社群运营。它指的是创建微信群、QQ 群、公众号等，将有共同兴趣、需求的用户聚集起来。比如，母婴品牌可以组建母婴社群，在群里分享育儿知识、推荐母婴产品、组织团购活动等，让群成员感受到社群的价值，提升群成员的活跃度与留存率，同时也方便品牌及时收集用户反馈。

（3）高阶玩法：自建 App。当事业发展到一定的规模时，我们可以开发自家的 App。比如，东方甄选曾经是抖音的头部带货企业，后来也开发了自己的"东方甄选 App"。这样做，不仅方便用户购物，还能基于用户的浏览、购买等数据，进行个性化推荐、精准营销，打造深度的私域运营场景。当然，这种模式需要我们具有更大的流量，并且花费的成本也更高。

【案例回放】一家生鲜企业的私域流量

"钱大妈"是一家生鲜企业，成立于2012年，它以"不卖隔夜肉"作为企业理念，在社区生鲜行业迅猛发展的行业背景下，迅速成长为行业内私域流量的标杆企业。通过对"钱大妈"的运营模式进行分析，我们可以发现他们的成功之道。除了供应链做得好、门店商品零库存以外，它的成功还离不开对门店社群营销的经营。

为了吸引流量，"钱大妈"品牌开通了视频号"钱大妈不卖隔夜肉"和"钱大妈生鲜官方"，每天在视频号上更新内容，展示食材的新鲜和优惠的价格，并且教给用户一些专业知识，如食材挑选技巧、储存方法、烹饪技巧等，吸引用户加入私域流量池。同时，"钱大妈"还开通了微信公众号和微信群，并且经常在群里发送优惠券，通过此类方法很快吸引了一大批用户。用户看到这类消息以后，抱着试试的心态，在门店里获得了良好的购物体验后，便会积极地将群里的消息转发给自己的亲朋好友，从而使该企业形成了裂变式营销。

线下活动，与粉丝近距离交流

短视频创作者从虚拟的画面背后走出来，举办线下活动，可以让用户更真切地感受创作者的人格魅力、亲和力等。与线上隔着屏幕的互动相比，线下这种近距离的接触会使用户与短视频创作者或企业之间的情感联结变得更为紧密，从而提高用户对短视频创作者或企业的喜爱度和忠诚度。

短视频创作者举办线下活动，通常有以下五种形式。

❶ 线下演讲和宣传活动

线下演讲和宣传活动，适合那些较为知名、并且平时出的短视频有一定的思想性，如知识类、经验分享类、励志成长类等的短视频创作者。线下演讲的场景本身就带有一种正式感，而这些短视频创作者举办线下演讲活动的时候，能够找到一些比较正式的话题，使得演讲更有传播价值。比如，在当下 AI 火热的背景下，科技类短视频创作者可以围绕"人工智能如何改变生活"这样的主题来筹备演讲，容易激发用户的兴趣，使用户产生共鸣。

❷ 线下主题活动

拥有某类专业技能的短视频创作者，可以根据自己的专业，展开一场主题活动。比如，一个美妆类短视频创作者，可举办美妆技能培训主题活动，现场准备齐全的美妆工具和产品，从基础的护肤步骤讲解开始，到不同脸型适合的妆容风格分析，再一步步亲自示范如何打造精致妆容，并且邀请用户上台进行现场操作，而自己负责在旁指导或纠正。

❸ 线下公益活动

线下公益活动，很容易收获用户的好感，并且对短视频创作者的专业技能几乎没有要求。即便是游戏主播，也可以举行一场公益活动，号召自己的粉丝一起参加，为公益事业做出一份贡献。

④ 快闪活动

快闪活动，多指一种短时间的行为艺术。比如，编排一段舞蹈，然后组织几个舞者，在商场、地铁附近等人流量较多的地方突然开始表演。这种活动很容易调动现场的活力，引得周围的用户拿出手机拍照分享。

⑤ 线下粉丝聚会

短视频创作者可以提前在网络上发布信息，邀请自己的核心粉丝在线下聚会。比如，在新年到来之前，短视频创作者可以选一个合适的餐厅、KTV等，挑选些粉丝都喜爱的美食，和粉丝一边吃美食，一边迎接新年的到来。

【案例回放】电竞主播的公益行动

"PDD"曾经是一名电竞选手，后来转型做主播，获得了极高的人气。令人敬佩的是，他并没有沉浸在金钱、名利中，而是思索着如何为社会做贡献。因此，他决定做公益事业。

思索一番后，他组建了一支团队，参与到教育事业中。通过捐赠图书、资助贫困学生、建设学校等方式，他为偏远地区的孩子送去了知识。这份可贵的线下活动，不仅改善了当地的教育条件，还令粉丝对他更加敬佩。

第 9 章

高效变现，把流量变成收益

　　拍摄短视频，最终离不开变现。短视频流量变现的方式多种多样，包括但不限于广告合作、视频带货、直播带货、内容付费、实体店引流等。成功的短视频创作者会根据自身的特点和目标用户的需求，选择合适的变现方式。比如，一些具有影响力的账号会通过与品牌合作进行广告推广，赚取广告费用；一些具有专业知识的账号则会通过知识付费的方式，为用户提供有价值的内容和服务。

短视频广告变现

短视频创作者在短视频中植入广告，给厂家或产品做推广，是一种很常见的变现模式。它的好处主要体现在两个方面。一方面，不会影响自身短视频的内容创作，并且用户仍然能看到自己感兴趣的内容，因此对流量的影响较小；另一方面，短视频创作者可以通过简单的介绍，把产品推荐给用户，从而获得收益。

1 短视频广告的常见形式

短视频博主做广告，通常是在正文中植入广告，其具体形式分为以下三种。

（1）直接推荐式。这种模式非常简单，短视频创作者只需要面对镜头，直接向用户推广某款产品即可，主要阐述其特点、优势及使用体验等。比如，美妆类短视频创作者做了一期教人化妆的视频，其间特地拿着一款粉底液，详细讲解它的遮瑕效果、持妆时长、质地等优点，并且通过试用推荐给用户。

（2）情景短剧式。在短视频中特意制作一节情景短剧，模仿产品的使用场景，以及适合的人群。比如，一位数码类短视频创作者，在一期介绍数码产品的短视频中，插入一个办公室短剧，剧情是：短视频创作者长时间对着电脑，眼睛不舒服，此时另一位同事拿出某品牌的护眼产品给短视频创作者使用，使用后他的眼睛不舒服的症状瞬间得到缓解。这样的剧情，使得广告植入得不那么生硬，还使用户更有代入感。

（3）专访式的短视频广告。邀请品牌的产品经理或创始人，在节目中和短视频创作者进行面对面访谈，同时适时切入一些与品牌、产品相关的素材画面，如产品的生产场景、使用场景、细节展示等，让用户更直观地了解相关信息。相较于普通的推荐式广告，这种专访式的广告显得更正式、更专业。

❷ 短视频创作者该如何接广告

接广告也是一个技术活，短视频创作者大多并不是专门的市场人员，对市场并不了解。不过，只要流量在手，短视频创作者就不用担心没有广告。

（1）与品牌方合作。短视频创作者和品牌方合作，通常有两种模式。一种是我们主动联系品牌方，请求与对方进行合作。品牌方也会有专门的市场营销人员与我们对接。还有一种方式，是等着品牌方来找我们。总之，我们有了流量以后，合作就会变得简单。

（2）从平台上接广告。网上有许多广告接单平台，如西瓜数据、新榜、巨量星图等，这些平台上有很多品牌发布的广告任务，我们只需要经过平台的认证，就可以选择接单。当然，这些广告不是随便拍的。我们要谨慎行事、保持专业性，并与广告主进行充分沟通和协作，才能拍出合格的广告。

（3）通过 MCN 机构接广告。如果已经签约了 MCN 机构，就可以从 MCN 机构接广告。签约 MCN 机构后，机构会凭借自身的资源优势，帮助我们对接更多优质的广告合作项目，同时也能在广告策划、内容创作等方面提供专业指导，提升我们广告变现的效率和收益。

【案例回放】一款砂糖橘的广告

"肝帝董佳宁"是一位 B 站的科普类短视频创作者。他拥有 100 多万粉丝，经常分享一些国内外政治、经济、文化等领域的热点话题，并且进行点评。他的语言表达清晰、逻辑严谨，能够用通俗易懂的语言将复杂的问题讲解清楚，使用户易于理解。在讲述观点时，他往往会列举大量的数据和事实为支撑，使内容更具说服力。同时，他也会适当加入一些幽默、风趣的元素，增加短视频的趣味性和吸引力。

他习惯在短视频播放至 1/3 时，插入商品广告。图 9-1 所示是他为一款砂糖橘拍的推荐广告。尽管广告的时长接近 2 分钟，但是观众对此并没有表现出强烈的反感，每条视频的播放量依然维持在几十万。

图 9-1 "肝帝董佳宁"在 B 站的砂糖橘广告截图

短视频带货变现

拍摄带货短视频，也是一种十分常见的流量变现模式。与前面提到的短视频广告不同，这里所说的广告，整条短视频可能只有十几秒，且是专门给商品拍的广告。利用这种广告，让用户点击短视频中的橱窗链接购买下单，这样短视频创作者便可以收到佣金。

1 短视频带货选品的方法

带货选品的方法有很多，其中一些经过了市场的检验，被证明是切实可行的。下面分享三种实用的选品技巧。

（1）跟着同行学。作为新手短视频创作者，我们在进行带货时，如果不知道如何选品，不妨跟着同行学，看看他们的商品橱窗里哪个产品卖得好，我们直接跟着做就行了。比如，点开某带货大 V 的账号，查看他们推荐的产品，如图 9-2 所示，我们会发现那些产品往往是当下最热卖的产品，经过市场的验证，很容易有销量。我们只需要根据自身账号的特点，以及用户的喜好，从中挑选出适合他们的产品即可。

图 9-2 某大 V 的商品橱窗

（2）从热门榜单中选品。通过平台提供的选品广场，我们可以查看当前热门的带货商品。图9-3所示的是抖音选品广场的爆款榜单。

图9-3 抖音选品广场的爆款榜单

此外，我们也可以借助第三方数据平台，如蝉妈妈这类提供数据榜单的平台，按照销售额对产品进行排序，能够直观地找出近期销售量最多的产品。这些产品已经在市场上展现出了强大的吸金能力，我们选择它们进行销售，能在一定程度上降低选品失误的风险，提高销售成功的概率。

（3）根据季节选品。我们可以挑选应季产品，如夏季选遮阳伞、防晒霜、防晒衣等，冬季选羽绒服、围巾、暖手宝等，这类产品的季节性很强。

我们也可以做反季特卖，如在夏天、秋天卖羽绒服，可以利用部分用户想捡漏的心理，实现带货的目的。

② 带货短视频的创作方法

拍摄带货短视频的主要思路是展示产品的亮点，能够为用户带来什么样的体验。

（1）展示产品亮点。在短视频中清晰、直观地展示商品的核心优势。用户平时最关注的地方，就是我们应当拍出来的内容。比如，拍摄服装类商品时，我们可以通过多角度展示穿搭效果，体现其款式时尚、板型修身等特点。再如，拍摄电子产品时，我们需要着重展示其便捷的操作、强大的功能等。

（2）展示使用场景。拍摄带货短视频时，我们可以把商品融入使用场景中，让用户更有代入感，想象自己使用该商品时的便利性。比如，在拍摄一款果汁的带货短视频时，我们可以把场景放在户外，展示炎热的天气里果汁经过冰镇之后，刚从冰箱里拿出来，打开瓶盖时一股冷气飘出的场景。这样的画面，可以让用户感受到生活的美好，进而激发用户的购买欲望。

【案例回放】用流量带货的汽车 KOC

"北栀"原本是一个"社恐"的女孩。一个偶然的机会，她接触了一款新能源汽车，从此成为该品牌的用户。她经常拍摄相关的短视频，成为一个小有名气的汽车 KOC。与传统的汽车广告媒体相比，她的短视频没有浓厚的广告气息，而是更贴近普通用户的生活，更有生活气息和代入感，容易让广大用户产生共鸣，因此吸引了十余万粉丝的关注。

有了流量以后，她开始尝试进行流量变现。她生活在新疆，对新疆的风土人情比较了解，因此她选择了新疆当地的特色食品，如坚果、风干牛肉等，并且为它们拍摄带货短视频，使很多外地用户也能吃到充满异域风情的美食。

直播带货变现

短视频的优点是短小精悍、内容丰富，而直播的优点则是即时互动、真实生动，因此这两种形式都能吸引流量。很多短视频创作者有了一定的知名度以后，都会选择直播。而直播带货，就是一种很好的变现模式。

① 建立信任是关键

如今，直播带货已经不是什么新鲜事了。市面上几乎所有的品类，都可以在直播平台上找到，众多主播和产品都在争抢用户的注意力。因此，很多短视频创作者虽然拥有很多粉丝，但他们直播带货的效果并不好。要想真正实现流量变现，短视频创作者就必须坚持长期战略，打造独特且值得信赖的品牌形象。而这一切的关键，就是与用户之间建立信任。

（1）严格把控质量关。短视频创作者要想进行直播带货，需要建立一整套的质量管理体系。短视频创作者前期在选品时，需要从产品质量、资质认证、品牌口碑等方面进行考察，确保推荐给用户的产品对得起自己卖出的价格。通常，头部的带货主播都有专业的选品团队，对产品的成分、生产工艺、用户评价等进行深入调研，以做好产品质量把控，从而逐步积累用户的信任。一般刚做直播带货时可能没有专业的选品团队，这就要求我们付出更多时间来把控带货产品的质量。

（2）长期做某个品类。头部主播在带货的时候，因为已经建立起了口碑，所以他们可以涉足多个品类。然而，对新手短视频创作者来说，由于缺乏长期深耕的经验，频繁更换品类存在很多风险，这就是"隔行如隔山"。比如，一个美食类短视频创作者，原本是卖厨具的，发现效果不太好，又改卖衣服。这种做法就是明显的跟风行为，而不是长期主义，结果就会逐步消减用户对自己的信任。

❷ 直播带货的选品搭配

确定带货的品类之后，我们接下来要做的就是选品的搭配。选品一般分为引流款选品、爆款选品和利润款选品。

（1）引流款选品：高销量 + 低利润。这类产品主要是为了赚流量，营造出大量爆单的现象。引流款商品的价格通常比较低，甚至可能接近成本价，因此用户看到这类产品以后，会忍不住进入我们的直播间纷纷购买，这样可以为直播间其他商品的销售打下基础。

也正因为如此，这类产品一定是价格低、体积小（运费低）、适用人群广的产品，如垃圾袋、卫生纸等日用品。

（2）爆款选品：高性价比 + 业绩好。能够成为爆款的产品，一定是性价比高的商品，同时质量也不能差。这类产品的价格不会太低，否则没有利润；与同类型产品相比，这类产品的价格要相对合理。比如，一款蓝牙耳机，属于正规品牌，音质不错，但是与当前爆火的某品牌耳机相比，它的价格更便宜一点，就容易成为爆款。

（3）利润款选品：低销量 + 高利润。这类产品的价格通常比较高，针对的是那些有特定需求、对价格不那么敏感、更注重品质和体验的用户。

引流款选品、爆款选品、利润款选品都是合理的选品模式，并且各有侧重。成熟的直播间，通常会将三者搭配起来，以实现人气和利润的平衡。

图9-4展示的是某主播的带货橱窗。我们可以从中看到主播在服装品类的带货上展现出了高超的策略。该主播精心挑选了高档、中档、低档的商品，以满足不同用户的需求。

图9-4 某主播的带货橱窗

这种搭配策略不仅提升了用户的购买体验，还可以实现主播利润的提升。可以说，该主播在带货的过程中，充分展现了自己的专业素养与市场洞察力。他深知如何通过产品搭配与价格策略实现销量与利润的双重提升。

付费内容模式变现

我们在平台上看到的短视频大多是免费的，但是，也有一些短视频被作者设置成了付费模式，即用户需要支付一定费用才能解锁完整的内容。还有的短视频创作者把知识干货做成了短视频课程，通过在短视频平台上引流，吸引用户成为他的私域流量，然后靠卖课变现。总之，这些都属于付费内容模式变现。

付费短视频的首要目标是吸引高质量的用户，即愿意付费的人，这类视频的目标用户注定不会太多。因此做这类短视频，没必要过于关注粉丝数量。一个百万粉丝的短视频创作者，做付费短视频也未必能成功，往往是因为其吸引的人群不精准。那么，我们如何吸引高质量的用户呢？

1 塑造专家"人设"

要想做付费模式，我们首先要解决一个问题：怎么说服用户相信我们？塑造专家"人设"，就是我们给用户的一个理由。我们需要亮出自己的身份，包括姓名或网名、擅长的领域、个人形象等。比如，医学领域中的"心血管疾病防治"、金融领域里的"个人理财规划"、互联网行业的"新媒体运营策略"等。我们选择的领域要确保既能展现自身深厚的专业度，又能契合市场的需求。同时，我们的定位要避免过于宽泛，如"医学"这个概念就太笼统了，不容易取信于用户。

我们如果有相关的专业证书、学历证明、获奖经历等，就可以展示出来，增强自己的权威性。比如，在平台上认证黄 V、红 V 等，或者在短视频中讲述自己的从业经历，使用户直观感受到我们的专业实力。

说白了，我们就是在打造个人 IP，既要让用户记住我们，又要让用户敢于相信我们。

② 输出高质量的内容

做付费短视频，其本质上是一种内容付费模式，关键是让用户认为，我们的内容值得他们购买。因此，我们需要围绕细分领域，持续输出高质量、专业性高、实用性强的内容。比如，在讲解投资理财知识时，我们不能只做知识科普，因为这种内容太平淡了，网上到处都是，所以用户是不会愿意付费的。我们需要做得更深入一点，分析不同投资产品的风险收益特点、结合实际案例，给出适合当下的投资策略等，使用户切实感受到我们内容的价值。

在视频制作方面，也要尽可能提升质量，包括画面、剪辑、音效等细节，提升短视频的观赏性和专业度。同时，我们要保持短视频风格的统一性和连贯性，以塑造自身的品牌形象和增强用户黏性。

③ 用热门话题引流

虽然付费短视频需要吸引精准用户，不必太关注付费意愿不高的用户，但是在现实生活中，我们还是要注意引流。普通用户越多，我们就会有更多的潜在付费用户。因此，最贴合实际的做法，是用热门话题引流，尽可能多地吸引普通用户，然后向他们推荐付费短视频。

平时，我们要多关注社会热点、行业动态，了解用户最关心的问题是什么。比如，在汽车领域，新能源汽车的崛起是个大热点，很多用户对智能驾驶、续航里程、充电速度、电池安全等方面的问题十分关注。这些都可以成为我们引流的话题。

【案例回放】一位财经大 V 的付费课

薛某是抖音平台上的一位财经大 V。他的财经类短视频讲解方式很特别，总是能将晦涩的理论知识与现实中的例子结合起来，再配上他幽默风趣、深入浅出的讲解，从而使普通用户能轻松理解，因此他在抖音上吸引了很多粉丝。

他经常进行直播，向用户讲解当前的市场走势，以及该如何进行投资决策，如在牛市和熊市中，如何调整投资组合、控制仓位等。与此同时，他还会把直播中的精彩内容剪辑成短视频切片发布在自己的账号中。

至于变现模式，他选择的是卖课模式。他没有在抖音平台上设置付费短视频，而是引导粉丝进入他的微信公众号，成为他的私域流量，然后在公众号里下单购买课程。

实体店引流变现

在网上发布实体店的短视频，吸引他们到店进行消费，已经成为一种流行的做法。实体店的优势是消费者可以直接看到、摸到产品，比如，顾客在服装店能当场试穿衣服，感受面料的质感、板型是否合身等。而短视频的优势是传播速度快，不受时间和空间限制。因此，我们可以利用短视频的优势给实体店引流，其引流变现效果非常突出。

通常，实体店的短视频引流，可以从以下四个方面进行。

1 官方认证

实体店要想在各大短视频平台上引流，最好是通过平台的官方认证，如图 9-5 所示是获得平台蓝 V 认证的账号。在取得官方认证的过程中，我们通常需要将准备好的相关证明资料上传至平台，然后等待平台审核。获得认证之后，我们的店铺地址、联系电话等信息就会出现在主页上。

图 9-5 抖音官方认证的实体店账号

有了官方的认证，店铺的正规性与可信度会更高，也更容易取得用户的信任。

② 同城引流

在抖音、快手等短视频平台的"同城"栏目中，我们可以发布店铺的相关信息，让用户知道我们店铺的地址、特色、产品价格等信息，吸引目标用户关注。图9-6所示是抖音上的同城店铺。

图9-6 抖音平台的同城店铺

同城引流针对的是本地市场，我们可以选择带有本地特色、展示店铺优势的短视频进行投流，定向推送给同城的目标用户，如年龄、性别、兴趣爱好等符合我们目标用户画像的用户。发布时，我们要记得添加店铺名字和详细定位，这样附近的用户看到以后，就有可能顺着地址找到我们的店铺。

③ 线上预约或团购功能

在平台上设置线上预约或团购功能，我们可以让用户更方便下单，获得更好的购物体验。这种做法可以让用户在观看短视频的过程中直接进行预约或购买团购套餐，无需跳转至其他页面，节省了用户的时间和精力。

④ 达人探店

实体店和达人合作，由达人拍摄探店短视频，帮助店铺进行宣传，也是一种很好的引流变现方法。这种做法是借助达人的流量和粉丝基础，快速提升店铺的知名度和曝光度，吸引更多潜在用户到店消费。对于用户而言，看达人探店的短视频，也节省了自己选择的时间和成本。

【案例回放】一家壮馍店的线上引流

壮馍是山东、河南等地的特色美食，当地有许多专门制作壮馍的店铺。在抖音平台上，有位女生就以自家的壮馍店为背景，一边拍摄短视频或直播，一边做壮馍店的生意。

这种做法在网上并不少见。因为这种形式本身就有一定的吸引力和记忆点，再加上短视频创作者本身的优质形象，或者特殊的气质，往往能够给用户留下深刻的印象。这样，不但实现了为店铺引流，而且使自己的账号成为了一个独特IP，从而吸引更多用户关注，可谓一举多得。